Camino Inglés – Schnupper-Pilgern von Ferrol nach Santiago de Compostela

Camino Inglés

Schnupper-Pilgern
von Ferrol nach Santiago de Compostela

Christian Hottas

Impressum

Bibliografische Information der Deutschen Nationalbibliothek: Die Deutsche Nationalbibliothek verzeichnet diese Publikation in der Deutschen Nationalbibliografie; detaillierte bibliografische Daten sind im Internet unter dnb.dnb.de abrufbar.

© 2023 Christian Hottas, 22393 Hamburg

Herstellung und Verlag: BoD – Books on Demand, Norderstedt

ISBN: 9 783758 308581

INHALTSVERZEICHNIS

AG-64
AG-64
N-655
Ferrol
Fene
Fragas do Eume
A Coruña
Sada
AC-15
AG-13
AP-9
O Xes
Arteixo
Culleredo
AP-9
Betanzos
A Laracha
Coirós
A-6
Carral
Oza dos Ríos
lo
Monelos
Cerceda
N-550
Baldaio
Teix
E-1
Curtis
N-634
Mesía
Pontepedra
Vilasantar
Ordes
Frades
So
do Dubra
Viaño Pequeno
N-634
Boimorto
Sigüeiro
Arzúa
N-547
N-547
N
Santiago de Compostela
O Pedrouzo
on
Google
Dombodán
Santis
O Milladoiro

PROLOG

Das Thema Jakobswege fasziniert mich bereits seit mindestens zwanzig Jahren. Irgendwann vor der Jahrtausendwende las ich die ersten Berichte über den Camino Francés. Konkret erinnere ich mich an einen Reisebericht auf der Website der seit 2007 nicht mehr existierenden Airline Hapag Lloyd. Damals hatte ein Pilger einen HLX-Hinflug nach Pamplona gebucht, war nach Santiago de Compostela gepilgert und von dort wieder nach Hause geflogen.

So waren mir einige der Orte und Sehenswürdigkeiten entlang des Camino Frances also bereits bekannt, als ich 2006 auf Hape Kerkelings Buch „*Ich bin dann mal weg*" stieß. Ich weiß nicht mehr genau, ob mich damals seine locker-flapsige Art der Darstellung, die Streckenbeschreibung oder die Menschen, denen er begegnet war und die er so lebhaft schilderte, am meisten faszinierte. Jedenfalls war mein Interesse sofort wieder aufgeflackert, und so las ich sein Buch gleich noch ein zweites Mal, diesmal jedoch zu jedem seiner Tages-Berichte zuvor das entsprechende Segment auch in Raimund Joos' Pilgerführer (Outdoor-Verlag Conrad Stein).

Doch auch 2006 war an eine Realisierung meiner noch wenig konkreten Jakobsweg-Pläne nicht zu denken:

Aber ich beschäftigte mich in der Folgezeit weiter mit dem Thema und entdeckte als Alternative für mich den *Caminho Portugues*, dessen südlicher Teil zwischen Lissabon und Porto noch nicht wieder erschlossen und markiert war. Der nördliche Teil ab Porto erschien mir aber dafür umso reizvoller, war er mit seinen nur 235 Kilometer auch nicht länger als meine damals längste jährliche Non-Stopp-Laufstrecke des „*Grand Union Canal Race*" von Birmingham nach London. Ich weiß nicht mehr, wie oft ich versuchte, eine Lücke von 7-10 Tagen in meinem Laufkalender zu finden. Aber die Nebensaison der Caminos ist halt stets die Hauptsaison der Ultramarathon- und Marathonläufe, und so passte es nie…

Im Mai/Juni 2017 hatte es mich – ausgelöst durch Hape Kerkelings **Hör**buch, das ich auf dem Hin- und Rückweg zum Rennsteiglauf im Auto hörte – erneut gepackt. Diesmal kaufte ich mir nicht nur jede Menge Literatur – Pilgerführer, Reiseberichte, Bildbände und sogar wissenschaftliche

Literatur – über die Jakobswege, sondern auch Kartenmaterial. Und ich entdeckte für mich den **Camino Inglés**.

Der Camino Inglés, so erkannte ich sehr schnell, würde mich nur wenige Tage Abwesenheit von meiner Arztpraxis und damit nur wenige unbezahlte Urlaubstage kosten. Egal ob mit oder ohne anschließenden Weg nach Finisterre und Muxía, erschien er mir zudem als eine wunderbare Option, um herauszufinden, ob das Pilgern auf den Jakobswegen wirklich etwas für mich ist.

Ein Zeitraum im Oktober 2017 war schnell ausgewählt. Unklar war nur noch die Anreise: per Auto von Hamburg nach Frankfurt Hahn und von dort mit Ryan Air per Flieger nach Santiago oder rund 100 Euro teurer direkt ab Hamburg per Flieger via Palma de Mallorca mit Air Berlin. Bei Version 1 hätte ich gerne einen meiner besten Freunde mitgenommen, der aber keine Zeit hatte. Version 2 dagegen erledigte sich ziemlich schnell durch Air Berlins Insolvenzverfahren und den nachfolgenden raschen Absturz der Airline.

Im August 2018 kam der nächste Impetus diesmal von Christine. Christine ist seit mehr als zehn Jahren eine sehr enge Lauffreundin, dazu einer meiner drei besten Freunde und inzwischen auch meine Lebensgefährtin. Auch sie hatte die Idee der Jakobswege seit langem im Visier, und so hatten wir in den Jahren zuvor so manchen Laufkilometer mit Gesprächen zu diesem Thema absolviert.

Doch diesmal nahm unser jetzt gemeinsames Thema schnell Fahrt auf: Wir identifizierten beide die zweite Oktober-Hälfte als noch nicht verplante Lücke in unseren Laufkalendern. Und am 20. August teilte Christine mir mit, dass sie für uns beide Lufthansa-Flüge für den 19. bzw. 24. Oktober gebucht habe. Bei einem Preis von 186,86 € p. P. habe sie einfach nicht widerstehen können.

Bingo!

DER CAMINO INGLÉS

Der Camino Inglés ist mit 74 bzw. 119 Kilometern der kürzeste aller spanischen Jakobswege. Er beginnt einerseits in A Coruña, andererseits in Ferrol, wobei sich beide Anfangsstücke bei As Travesas – kurz vor Bruma – treffen. Seinen Namen verdankt dieser Weg den englischen Pilgern, die nicht alle nur über den Ärmelkanal übersetzten und von der Bretagne aus durch Frankreich und Spanien kamen, sondern die teils per Schiff gleich direkt an der spanischen Nordküste anlandeten.

Insgesamt ist der Camino Inglés 2018 noch ziemlich unterbewertet, was auch daran liegen mag, dass die 74 km kurze Strecke nicht zur Erlangung einer Compostela (Pilgerurkunde) berechtigt. Denn dafür muss man entweder die letzten 100 Kilometer zu Fuß oder die letzten 200 Kilometer per Fahrrad bzw. per Pferd zurückgelegt haben.

Aber auch die offiziell 119 Kilometer (de facto eher 112-113 Kilometer) lange Strecke von Ferrol nach Santiago de Compostela wird erst in den letzten Jahren mehr und mehr von den Pilgern „entdeckt", eignet sie sich doch hervorragend zum „Schnupperpilgern".

Zum einen muss man nicht gleich mehrere Wochen unterwegs sein, um erfolgreich in Santiago de Compostela anzukommen. Und zum zweiten lässt sich auf dieser überschaubaren Distanz gut austesten, ob das „Ambiente" und die Infrastruktur eines Caminos – physisch, mental und spirituell – etwas für den Pilger in spe ist. Und zum dritten ist der Camino Inglés lange nicht so überlaufen wie der „große" Camino Francés auf seinen letzten 112 km ab Sarria.

In den offiziellen Pilgerstatistiken waren – laut Raimund Joos – für den Camino Inglés im Jahr 2000 gerade einmal 98 Pilger vermerkt, 2013 dann jedoch bereits 4.404 und 2017 schon 11.321 Pilger.

Im Jahr 2021 gingen nach offizieller Statistik – trotz der Pandemie-bedingten Einschränkungen – 10.855 Pilger den Camino Inglés, was knapp einem Fünftel der 55.163 Pilger ab Sarria auf dem Camino Francés bzw. einem Neuntel aller 97.101 Pilger auf dem Camino Francés entspricht.

PLANUNGSPHASE

Die gebuchten Flüge am 19. und 24. Oktober lassen uns also zwischendurch vier Tage Pilgerzeit für den Camino Inglés. Dessen 119 Kilometer werden zwar in den meisten Pilgerbeschreibungen und Pilgerführern in 7-8 Tagesetappen aufgeteilt, doch angesichts unserer langjährigen Erfahrungen auf Lauf- und Marschdistanzen von 100 und mehr Kilometern sollten uns – so hoffen wir – auch Tagesetappen von 30 bis 40 Kilometern nicht überfordern.

Glücklicherweise ist im Mai 2018 gerade die zweite, stark aktualisierte und erweiterte Neuauflage des Outdoor-Pilgerführers „Camino Inglés" von Raimund Joos erschienen. Diese beschreibt vor allem eine neue Pilgerherberge in Presedo, die das Mitteldrittel dieses Wegs deutlich entschärft und uns eine neue, bessere Zeiteinteilung erlaubt.

Zügig buchen wir bereits am 20. und 21. August 2018 im Web unsere Quartiere in Ferrol (19.10., Ende des Anreisetags) und in Sigüeiro (22.10., Ende der 3. Tagesetappe). An den beiden Tagen dazwischen werden wir – je nach Tagesform und Verfügbarkeit – in Pilgerherbergen einkehren.

Für unseren letzten Abend (23.10.) in Santiago de Compostela reservieren wir dann am 20. September ein kleines, privates Hotel ca. 450 Meter vor der Kathedrale, direkt neben unserem Weg dorthin. So haben wir im Prinzip sogar die Option, kurz vor dem Ende unserer kleinen Pilgertour unser Gepäck im Hotel zu deponieren und die letzten Meter zum Ziel unserer Reise unbelastet zu genießen.

Einen Teil unserer Pilgerausrüstung, zum Beispiel die Rucksäcke, testen wir bereits am 14.-15. September 2018 im Rahmen des *XV Przejście Dookoła Kotliny Jeleniogórskiej*, einem 137 km langen Marsch mit 5.500 Höhenmetern in Schlesien, den wir nach 2015 und 2016 zum dritten Mal gemeinsam finishen.

Parallel dazu studieren wir die zahlreichen Bücher in meinem Bestand mit Reiseberichten und Packlisten, die uns für unseren Kurz-Pilgertrip wichtig erscheinen.

AUSRÜSTUNG

Da unsere kurze Pilgerreise auf dem Camino Inglés für uns ja erst einmal eine Art „Schnupper-Pilgern" sein soll und wir ja auch nur wenige Tage bzw. eine überschaubar kurze Wegstrecke auf dem Camino unterwegs sein werden, ist es uns von Anfang an wichtig, möglichst viel von unserer „normalen" Ausrüstung unserer Ultramarathon-Läufe bzw. -Märsche zu nutzen und nur wenige neue Essentials hinzuzukaufen.

Wichtigstes Teil unserer Ausrüstung sind natürlich unsere *Pilgerpässe*, die „*Credenciales del Peregrino*", die Christine am Dienstag, dem 25. September, in der Sprechstunde des Pilgerbüros der Hauptkirche St. Jacobi hier in Hamburg ausstellen lässt. Beide enthalten bereits die ersten beiden Stempel, einen für unsere „Entsendung" auf den Camino und einen für unsere Anwesenheit in St. Jacobi. Interessanterweise macht Christine dort im Pilgerbüro den Eindruck, als sei sie eine erfahrene und routinierte Pilgerin, was sie dann erst einmal korrigieren muss. Natürlich pilgern wir beide zum ersten Mal, nur halt mit dem Hintergrund, dass die uns bevorstehenden Distanzen für uns nicht neu sind und keine Herausforderung darstellen.

Am 27. September treffen auch die online bestellten zusammenklappbaren Walkingstöcke, der ultraleichte Reise- und Schlafsack-Inlett und der Spork, eine Kombination aus Messer, Gabel und Löffel, hier ein.

Die Walkingstöcke sind eigentlich mehr für meine nächsten profilierten 100-Kilometer-Distanzen im kommenden Jahr gedacht, aber der Camino Inglés fungiert hier zumindest als willkommener Anlass, meine Ausrüstung ein wenig zu ergänzen.

Am 4. Oktober, immerhin bereits 15 Tage vor unserer Anreise, trifft dann auch der online bestellte „Kleiner Pilgersprachführer – Spanisch und mehr für den Jakobsweg" von Raimund Joos ein. Vom selben Autor besitzen wir – wie bereits erwähnt – den Pilgerführer „Camino Inglés" aus dem Conrad Stein Verlag. Christine liest sich ihrerseits gerade – das war eine Empfehlung des Pilgerbüros St. Jacobi – durch den Pilgerführer aus dem Rother Verlag und hat sich zudem den Pilgerführer von Andrea Ilchmann „Camino Inglés für Bauchfüßler" gekauft.

So langsam ist unsere Ausrüstung komplett. Aktuell planen wir jedenfalls keine weiteren Einkäufe.

Letztendlich bleiben die Walkingstöcke zu Hause, während das Schlafsack-Inlett, der Spork und der Pilgersprachführer zwar mit, aber nicht zum Einsatz kommen.

Schaufensterauslage eines Pilgerladens in Ferrol

14

18. OKTOBER 2018
PACKEN

Der Vorabend unserer Anreise zu unserem ersten Camino gestaltet sich sowohl für Christine als auch für mich ungeplant stressig. Eigentlich hatten wir beide beabsichtigt, unsere Ausrüstung in der letzten Woche vor der Abreise in Ruhe bereit zu stellen, das Gesamtgewicht zu überprüfen und dann rechtzeitig und stressfrei alles in unsere Rucksäcke zu packen.

Stattdessen fangen wir beide erst am Vorabend unseres Abflugs mit dem Packen an – eine Situation, die wir zwar von unseren Läufen und Märschen her kennen, aber ebenso auch hassen.

Ich rufe mir also am Abend des 18. Oktober im Computer eine meiner Lauf-Packlisten auf, krame die dort aufgeführten Ausrüstungsgegenstände zusammen und gruppiere sie auf der Patientenliege im Labor meiner Arztpraxis. Hinzu kommen noch ein 900 g leichter Schlafsack und der dünne Innen-Schlafsack, den ich neulich gekauft habe.

Da die Wetterprognose für die kommenden Tage nur Sonne und Temperaturen über 20 °C verspricht, reduziere ich mein Regen-Outfit auf eine Regenjacke, eine Regenhose und – für nur leichte Regenschauer – zwei dünne je 65 g leichte Folienponchos.

Neben meinem acht Kilogramm schweren 30-Liter-Rucksack von Salomon werde ich eine Gürteltasche und einen zweiten Gürtel mit Halterung für eine ¾-Liter-Trinkflasche mitnehmen. Alle drei Objekte gehen bei der Lufthansa als Handgepäck durch.

19. OKTOBER 2018
ANREISE NACH FERROL

Christine erscheint pünktlich um kurz nach 5 Uhr früh bei mir und ist, wie meist in ähnlichen Situationen, nervös. Nach ihrem Empfinden sind wir bereits zu spät dran, als wir um 5:25 Uhr losfahren. Gegen Viertel vor sechs – unterwegs gibt es noch eine Baustellen-bedingte Umleitung – parken wir meinen PKW unweit der S-Bahn-Station Ohlsdorf und erreichen wenige Minuten später den Bahnsteig. Leider fällt aber genau unser S-Bahn-Zug ersatzlos aus, und auf den nächsten – weitere zehn Minuten später – wollen wir nicht warten. So sind wir glücklich, als wir mit sechs anderen Reisenden zusammen ein Großraumtaxi erwischen, das uns für 2,50 € pro Person um 6:10 Uhr am richtigen Flughafen-Terminal abliefert.

in Frankfurt

Der Self-Check-in mit Bordkarten-Ausdruck am Automaten und die Sicherheitskontrollen gehen um diese frühe Morgenstunde fix vonstatten, und um 6:25 Uhr erreichen wir Gate A17, von dem unser Flug LH 005 um 7:00 Uhr starten wird. Also letztendlich alles wieder im grünen Bereich…

Unser Airbus A321-200 (231) mit der Kennung D-AISQ war übrigens, wie ich später nach unserer Rückkehr herausfinde, der Mannschaftsflieger der deutschen Fußballnationalmannschaft bei der Fußball-WM dieses Sommers in Russland.

Während unsere Maschine nach dem Start zügig an Höhe gewinnt, geht links von uns – wir sitzen allerdings am Fenster auf der rechten Seite – mit prächtigen Farben die Sonne auf.

Der Flug verläuft unspektakulär, und nach gerade einmal 70 Minuten – um 8:10 Uhr – sind wir in Frankfurt. Die Zeit bis zum Weiterflug zehn Gates weiter im selben Terminal vertreiben wir uns mit dem Beobachten startender Maschinen, einem kleinen Frühstück und Lesen.

Um 10:35 Uhr sitzen wir dann wieder im Flieger, diesmal einem Airbus A320-200 (214) mit der Kennung D-AIZZ, der uns pünktlich um 13:05 Uhr in **Santiago de Compostela** wieder entlässt.

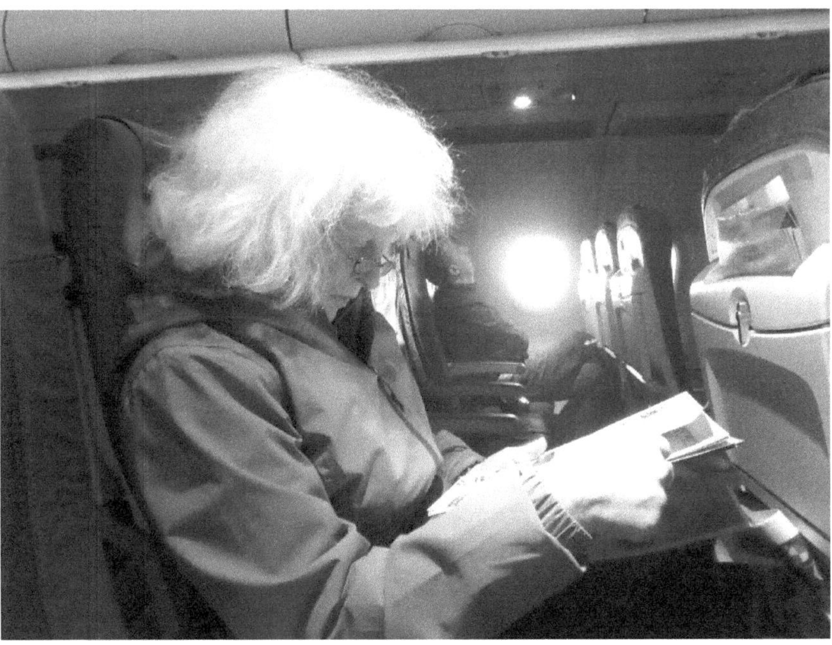

Christine während des Hinflugs

Alle Hektik oder zumindest Unruhe und Anspannung, die uns bis zum ersten Abflug in Hamburg begleitet hatte, ist spätestens während unseres Aufenthalts in Frankfurt von uns gewichen, so dass wir nun ab unserer Ankunft in Santiago de Compostela jede Minute genießen.

Jetzt sind wir in Galizien, und ab morgen werden wir pilgern...

Da wir ja beide nur Handgepäck haben und es keine Passkontrolle gibt, erreichen wir zügig die Bushaltestelle vor dem Flughafen. Von hier bringt uns dann keine fünf Minuten später für 3 € pro Person ein Bus zur Estación des autobuses, dem zentralen Busbahnhof Santiagos. Die Fahrt dauert knapp 30 Minuten. Und unterwegs sehen wir aus dem Bus heraus die ersten Pilger...

Kaum haben wir im überdachten Busbahnhof für jeweils 6,80 € unsere Anschluss-Tickets für den Monbus nach Ferrol gelöst und wieder die Abfahrtshalle erreicht, so steht dort bereits unser Bus bereit. Wir können sofort einsteigen. Irgendwie passt an diesem Tag alles reibungslos zusammen. Bereits kurz nach 16 Uhr treffen wir in **Ferrol**, dem Startort unseres Camino Inglés, ein.

Auf dem Weg vom Busbahnhof in die Stadt stoßen wir auf die Touristeninformation an der Plaza de Espana, die jedoch noch geschlossen ist Ein paar Stunden später besuchen wir sie erneut und erhalten dann dort neben ein paar deutschen und englischen Informationen zu unserem Weg auch unsere ersten Stempel in unsere Pilgerpässe.

Unser Quartier, das **Hostal Zahara**, erreichen wir wenige Hundert Meter weiter ebenfalls wie zufällig. Dank Voraus-Buchung sind wir im Nu eingecheckt und können unser Eckzimmer im ersten Stock beziehen. Vom Balkon aus haben wir einen prima Blick in beide Straßen.

Alles ist tipptopp sauber und gepflegt, so wie auch nahezu jedes andere Quartier und Lokal in den kommenden Tagen. Die Zimmereinrichtung ist hell und modern, zugleich neu, stylisch und ein wenig Retro. In den Sommer-Monaten mag dieses Zimmer so dicht über der Straße zwar ein wenig „unruhig" sein. Aber jetzt im Oktober ist es für uns perfekt.

Dreißig Minuten nach dem Bezug des Zimmers sind wir wieder draußen in der Sonne und an der frischen, warmen Luft. Es macht einfach zu viel Spaß, zu Fuß durch Ferrol zu streifen.

Ferrol, das bereits im 1. Jahrhundert als „**Adobrica**" und im 11. Jahrhundert dann als „**Sancto Iuliano de Ferrol**" Erwähnung findet, wird ganz eindeutig von seinem Hafen dominiert. Dieser dient nicht nur seit Jahrhunderten der Landesverteidigung und ist heutzutage wichtiger NATO-Hafen, sondern er war auch über viele Jahrhunderte einer der wichtigsten Anlaufhäfen für die per Schiff anreisenden Pilger aus Island, Irland, England und Skandinavien.

Christine auf dem Balkon unseres Hostals in Ferrol

Die **Puerta del Dique**, ein klassizistisches Torgebäude aus dem 19. Jahrhundert und Eingang ins Arsenal, den geschlossenen Marinehafen der spanischen Flotte, ist eine der besonderen Sehenswürdigkeiten, auf die wir über die Almeda de Suanzes, eine eindrucksvolle Platanenallee, quasi von alleine zulaufen.

Die etwas weiter westlich gelegenen Markthallen sowie einige der kleineren Geschäfte sind schon geschlossen. Ohne große Probleme finden wir mit Hilfe unserer Pilgerführer – ich benutze wie erwähnt den von Raimund Joos, Christine den von Andrea Ilchmann – den **Kai Curuxeiras**. Hier befand sich früher der mittelalterliche Hafen aus dem 11. Jahrhundert. Wir lassen uns in der Cafeteria Sarga, unmittelbar neben dem Anfang

des Caminos, in der Sonne nieder und gönnen uns zur Einstimmung auf
den morgigen Start erst einmal einen ersten Café con Leche (Milchkaffee).

Blick vom Balkon unseres Hostals in Ferrol

Danach wollen wir die ersten Kilometer des Camino Inglés erkunden…

An der Kirche San Francisco mit ihrem interessanten Flachdach vorbei
erreichen wir das neoklassizistische Stadtviertel **A Magdalena**. Es ent-
stand Mitte des 18. Jahrhunderts, als König Ferdinand VI. die Errichtung
der größten Werften Nordspaniens beschloss und Ferrol so zu einem der
wichtigsten Marinestützpunkte Europas machte. Dabei stieg die Einwoh-
nerzahl der Stadt von 1.500 auf mehr als 25.000, was den Bau eines neuen
Stadtviertels notwendig machte…

A Magdalena besteht aus einem Rechteck mit sechs Parallelstraßen und
neun kürzeren im 90°-Winkel kreuzenden Querstraßen. Auch wenn es hier
und dort noch einzelne Häuser mit einem gewissen Renovierungsrück-
stand gibt, so beeindrucken uns die vielen mustergültig renovierten Häuser im Jugendstil-Dekor.

Der Camino führt uns durch die Rúa Real bis zum Rathaus (Pazo Con-
sistorial) und dem davor liegenden Waffenplatz (Praza das Armas), wo er

20

– etwas unauffällig – nach rechts abbiegt. Wir sind aber so von all den Eindrücken und Fotomotiven gefangen und abgelenkt, dass wir diesen dezenten Wegweiser glatt übersehen. Glücklicherweise aber sind wir ja nur auf Erkundungstour, so dass es noch keinen Zeitverlust für uns bedeutet, den Weg gleich hier das erste Mal zu verlieren und wieder suchen zu müssen. Ähnliches erleben wir auf den nachfolgenden Kilometern, wo wir zweimal keine eindeutigen Markierungen finden.

Rathaus Ferrols

Nach rund drei Kilometern kehren wir um und gehen in einem Bogen durch Universitätsgelände wieder ins Stadtzentrum zurück. In einer Bäckerei und einem Supermarkt decken wir uns für morgen mit Brot, Wurst und Getränken ein und kaufen ganz zum Schluss in der Rúa Real für einen Euro noch ein neues Besteckmesser. Mein heimisches altes Messer hatte nämlich trotz runder und kurzer Klinge die Sicherheitskontrolle am Hamburger Flughafen nicht „bestanden". (Die Klinge war angeblich 5 mm zu lang.)

Christine in der Rúa Real

Rechtzeitig vor Einbruch der Dämmerung sind wir wieder zurück im Hostal, wo wir beschließen, nicht mehr essen zu gehen. Stattdessen machen wir uns aus unserem Lebensmittelbestand ein paar unserer Bocadillos, essen diese und gehen früh schlafen.

Erkenntnis des Tages: Ab morgen sind wir Pilger!

20. OKTOBER 2018
VON FERROL NACH PONTEDEUME

Der Samstag, der 20. Oktober, beginnt so sonnig, wie der Freitag endete. Wir genießen das Gefühl, es ab jetzt nicht mehr eilig zu haben, stehen erst nach 9 Uhr auf. In der Cafeteria unseres Hostals trinken wir in aller Ruhe einen großen Cafe con Leche, machen noch ein paar Notizen und brechen dann langsam zum Startpunkt des Camino Inglés auf.

Dabei folgen wir teils denselben Straßen wie am Vortag, wobei die beiden Markthallen, die für Blumen, Obst, Gemüse und Fleisch sowie die **Fischhalle**, nun geöffnet haben. Das Angebot ist riesig. Wir entdecken einige Fische wie den zu den Dorschartigen zählenden Palo (Molva macrophthalma, dt.: Mittelmeer-Blauleng) sehen, die wir bislang nicht kennen und erst nach der Rückkehr in Hamburg nachrecherchieren müssen.

In einem kleinen Pilgerladen kaufen wir uns noch zwei schöne große Jakobsmuscheln mit rotem Pilgeremblem und rotem Band, die wir wenig später am Beginn des Camino am Kai Curuxeiras an unseren Rucksäcken befestigen.

Christine am Startpunkt des Camino Inglés in Ferrol

Kurz vor 11 Uhr sind wir endlich auf dem Weg.

Die ersten Kilometer ins Stadtzentrum und von dort am Marinearsenal, der Marineinfanterieschule und den angrenzenden Werftgeländen vorbei sind einfach. Die kennen wir ja bereits von gestern. Unterwegs stocken wir im Supermarkt unweit des Wegs – quasi im Vorbeigehen – schnell noch unsere am Vorabend dezimierten Lebensmittelbestände wieder auf.

Nach knapp vier Kilometern durchqueren wir im Stadtviertel Recemil einige Wohnbereiche mit hohen, gepflegt wirkenden Gebäuden und treffen dann endlich rechts auf die Caranza-Bucht, einen ersten Ausläufer der **Ría de Ferrol**, des flachen fast zehn Kilometer langen Meeresarms, den wir in den nächsten Stunden umrunden werden.

Von der Promenade in **Caranza** aus genießen wir die Aussicht zurück auf den Hafen Ferrols, passieren kurz darauf nach einer Linkskurve die Kirche

24

Santa Maria de Caranza und direkt dahinter den einladend aussehenden Strand, die **Playa de Caranza**. Wenig später verläuft unser Weg schattig und stimmungsvoll für ein paar Hundert Meter unterhalb einer alten, aus großen Steinquadern gefügten Mauer.

Playa de Caranza

Wir unterqueren die 1,1 Kilometer lange Brücke über die *Ría*, mit der wir unseren Weg um die Bucht herum um 9,8 Kilometer abkürzen könnten, und streifen gleich danach das Gewerbegebiet **A Gandara**.

Hier weist uns ein Schild auf die **Cafetería Tanatorio** direkt hinter einem Lidl-Markt hin, wo wir unsere Pilgerpässe stempeln lassen können. Diese Gelegenheit nutzen wir auch, wobei uns auf dem Rückweg zum Camino ein deutscher Pilger auffällt, der vor dem Supermarkt-Eingang sitzt und um Geld bettelt. Ihn werden wir am Nachmittag desselben Tages nochmals vor einem anderen Supermarkt-Eingang treffen.

Inzwischen sind die Temperaturen von morgendlichen 19 °C auf mindestens 23 °C angestiegen (Hamburg hat zeitgleich 10 °C und Regenschauer). Die anfangs wenigen Wolken am Himmel haben sich komplett aufgelöst, so dass wir beide nun im dünnen sommerlichen Outfit, nur in T-Shirts und halblangen Hosen, unterwegs sind. Ich vermisse nun vor allem meine Sonnenbrille, die nicht auf meiner Packliste stand und so zu Hause geblieben ist.

Die Strecke ist, so lange wir noch in der Randbebauung Ferrols unterwegs sind, noch nicht super-toll, aber unserer Laune tut dies keinen Abbruch. Wir sind froh und glücklich, ohne Stress auf dem Camino unterwegs zu sein.

Die Wegmarkierungen sind wirklich gut: Immer wieder stehen Monolithen als Wegsteine, die uns nicht nur den Weg weisen, sondern stets auch die Restdistanz bis zum Ziel angeben. Daneben gibt es an Mauern, Häusern, Strommasten oder auf der Straße immer wieder große gelbe Pfeile. So müssen wir kaum einmal rätseln, wo es an Abzweigungen weiter geht. Und zur Not haben wir ja unsere Pilgerführer parat.

Wir passieren das Kloster **San Martino de Xubia („O Couto")**. Es wurde im 8. Jahrhundert gegründet und im 12. Jahrhundert als Priorat der Abtei von Cluny neu aufgebaut. Die dreischiffige Kirche wird auf das Jahr 1132 datiert.

Der nun folgende Streckenabschnitt ist eindeutig ländlicher. Rechts des Weges weiden gemeinsam Ziegen, Schafe und Schweine, auf der linken Wegseite ein Esel. Wir unterqueren kurz darauf die Autobahnbrücke, über die uns gestern der Bus nach Ferrol brachte. Einige Zeit lang sehen wir nun

28

Wegmarkierungen mit einem roten Fisch-Symbol, die zum **Camino de San Andrés de Teixido** gehören.

Vor **El Feal** verlässt uns dieser Weg wieder. Wir überqueren über eine Brücke einen Seitenausläufer der Ría und erreichen beim Monolithen „Km 100,677" eine breite Uferpromenade mit mehreren Wasserspendern und Bänken. Hier lassen wir uns – nach rund 12,5 Kilometer ab Start des Weges – auf einer Bank nieder, essen unsere Brötchen mit leckerer spanischer Salami, beobachten einige Läufer, die uns in die eine oder andere Richtung passieren, und genießen den Blick über die Ría. Nach etwa 20 Minuten wird uns die Mittagssonne zu heiß, so dass wir an einem Wasserhahn nochmals unsere Flaschen auffüllen und weitergehen.

Nur noch 100,677 Kilometer bis zum Ziel

Über einen gepflegten Park mit einer Palmenallee erreichen wir die alte Straßenbrücke über das Ende der Ría bzw. eine Flussmündung in selbige und befinden uns nun in **Xubia**, das zur Gemeinde **Neda** gehört. Neda selbst wird allerdings erst unser nächster Ort sein. Knapp 100 Meter weiter lassen wir unsere Pilgerpässe in der Café Bar „La Flor de Mayo" stempeln.

Xubia

Albergue in Xubia

Die Straße mit der offiziellen Wegmarkierung steigt nun leicht an und führt uns in immer dichtere und verkehrsreichere Wohnbebauung. Nach rund 250 Metern kehren wir aber um, gehen zurück zum Abzweig, der uns hinunter ans Ufer der Ría bringt, und erreichen dort die ziemlich neue Pilgerherberge von Xubia. Im Eingangsbereich dort sitzt eine Pilgerin und wartet auf den Hospitalero, um einzuchecken.

Die in meinem Pilgerführer empfohlene gleich lange, aber ältere Streckenvariante des Camino führt uns nun, teils auf Holzstegen, durch ein schönes direkt an der Ría gelegenes Naturschutzgebiet. An dessen Ende und nach einem leichten Anstieg an einem Friedhof vorbei erreichen wir wieder die Straße und damit den Hauptweg. An einem Brunnen neben der Kirche **Ribeira de Santa Maria** aus dem 18. Jahrhundert füllen wir unsere Trinkflaschen erneut auf, ehe wir uns keine 100 Meter weiter in der *Ciber Café Bar El Puente* auf einen weiteren Café con Leche Grande niederlassen und natürlich wieder einmal unsere Pilgerpässe stempeln.

in Neda

Wir sind nun in **Neda**, dem Hauptort der gleichnamigen Großgemeinde. Der Camino führt uns nun durch die Rúa Real, eine gepflasterte Straße mit malerischen, alten, zweigeschossigen Wohnhäusern aus dem 17. Und 18. Jahrhundert. Eine der Hausinschriften weist auf das

32

Erbauungsjahr 1786 hin. Viele dieser Häuser haben hübsche Balkone mit schmiedeeisernen Geländern. Vorbei am Rathaus mit Resten des Heiliggeist-Pilgerhospitals aus dem 15. Jahrhundert und Glockenturm von ebenfalls 1786 erreichen wir eine weitere Bar (Mesón Recuncho), wo man uns nicht nur höchst bereitwillig unsere Pilgerpässe stempelt, sondern auch gleich den nachfolgenden Wegabzweig nach links keine 100 Meter später zeigt.

Die Straße steigt nun leicht an und wird, nachdem wir die Autobahn überquert haben, zunehmend steiler. Im Gegenzug belohnt uns der nächste Ort **Silva** am Ende dieses Anstiegs mit einer herrlichen Aussicht über die **Ría de Ferrol**.

Im nachfolgenden Abstieg treffen wir dann erstmals auf eine Waschstelle mit Quelle, von denen wir in den kommenden Tagen noch einige Dutzend sehen werden. Die meisten dieser überdachten Becken, in denen früher offenbar gemeinsam die schmutzige Wäsche des jeweiligen Ortes gewaschen wurde, sind wie dieses hier gut gepflegt, einige offenbar sogar wieder neu errichtet worden.

Über Casanova erreichen wir wenig später **Fene**, wo von rechts die Straße über die Brücke einmündet, über die wir knapp zehn Kilometer hätten abkürzen können. Voller Begeisterung gönnen wir uns in der Café Bar El Camarote (hier bekommen wir auch ein paar interessante Flyer zum Englischen Jakobsweg) und der Café Bar A Ponte zwei weitere Stempel in unseren Pilgerpässen.

Hinter **Perlío**, unserem nächsten Ort, steigt der Camino wieder steiler an, und kurz danach – bei „Km 92,101" – durchqueren wir unseren ersten Eukalyptuswald, dem noch viele weitere folgen werden. Oben auf der Anhöhe genießen wir noch einen letzten Blick zurück auf Fene und den gewaltigen Kran der ASTANO-Werften. Wir umgehen ein Autobahnkreuz und erreichen rund 1,5 Kilometer später das Gewerbegebiet von **Vilar do Colo** mit der gleichnamigen Cafetería und einem Supermarkt. Vor dem Supermarkteingang treffen wir den bettelnden deutschen Pilger vom Mittag wieder. Er hat offenbar die Abkürzung über die Brücke gewählt, denn sonst könnte er nicht vor uns hier eingetroffen sein.

unser erster Eukalyptuswald

Blick zurück auf Fene

Wir kaufen ein paar Bocadillos mit Salami, einige Brötchen und vier ¾-Liter-Flaschen Wasser, ehe wir weiterziehen. An einem Kreisverkehr vorbei steigen wir bei „Km 89,995" zur Nationalstraße N-651 hinauf und folgen ihn nun in wechselndem Abstand, teils auf kleinen parallelen Nebenstraßen, bis zur Passhöhe in **Pereiro**. An dessen Ortsausgang, bei „Km 88,812", biegt der Camino nach rechts steil bergab in einen schmalen Pfad ab. Die Ruhe hat uns wieder…

Links des Wegs haben Anwohner einen Selbstbedienungs-Versorgungspunkt mit zwei Kühlboxen – je eine für Wasser und Säfte – und einer angeketteten Geldkassette mit Geldeinwurfschlitz aufgebaut. Eine prima Idee auf der Basis von Ehrlichkeit und gegenseitigem Respekt, die offensichtlich funktioniert!

Der Camino folgt nun sehr verkehrsarmen kleinen Landstraßen und Asphaltwegen, wobei sich immer wieder sehr schöne Aussichten in die Landschaft eröffnen.

Bei „Km 88,054" wird uns eine 1,41 Kilometer längere Wegvariante (**Camino Complementario**) über den **Camino Real** angeboten, um die auf dem normalen Weg 1,2 Kilometer entfernte, als gefährlich beschriebene Überquerung der N-651 zu umgehen und die N-651 stattdessen an anderer

Stelle zu unterqueren. Wir entscheiden uns, auf dem Hauptweg zu bleiben, was in Anbetracht der zumindest heute sehr geringen Verkehrsdichte auf der N-651 sicher auch die richtige Entscheidung ist.

Nach der Überquerung der N-651 führt der Weg erneut bergab, vorbei an einer weiteren Waschstelle und einer kleinen Bar mit Laden, hinunter nach **Cabañas**. Unten angekommen, stoßen wir nach einem kleinen Rechts-Links-Schwenk wieder auf unsere „alte Bekannte", die N-651. Ihr folgen wir ein paar Hundert Meter bis zu einem Kreisverkehr am Ortsende Cabañas.

Vor uns liegt nun die **Ría Ume** (es existiert auch eine Schreibweise „Eume"). Wir überqueren die Brücke, die Fernán Pérez de Andrade im 14. Jahrhundert erbauen ließ. Sie ist fast 600 Meter lang und besteht aus 79 steinernen Bögen. An ihrem Ende haben wir – gegen 19 Uhr – unser heutiges Tagesziel, die 1270 von Alfons X. gegründete Stadt **Pontedeume**, erreicht.

Pontedeume und die namensgebende Brücke

Eingang der Pilgerherberge in Pontedeume

Wir hoffen, hier in der öffentlichen Pilgerherberge übernachten zu können, ersatzweise sonst in einer in meinem Pilgerführer empfohlenen Pension.

Die in einer ehemaligen, bestens restaurierten Fischhalle direkt am Ufer der Ume gelegene Herberge ist rasch gefunden. An ihrer Eingangstür informiert uns ein Zettel, dass die Anmeldung in der bis 19:30 Uhr geöffneten Touristeninformation möglich ist.

Diese zu finden ist ähnlich einfach: Der **Torreón de Andrade**, ein 11,5 x 11,5 Meter großer und 18 Meter hoher Festungsturm aus dem 14. Jahrhundert und damit das älteste Gebäude der Stadt, ist wirklich nicht zu übersehen und keine 250 Meter von der Herberge entfernt.

Die städtische Mitarbeiterin ist außerordentlich nett und spricht sehr gutes Englisch. Sie gibt uns während der Anmeldung gleich noch einige Informationen über die Stadtgeschichte (der Name spricht sich übrigens „Ponte-de-Ume" aus) und die abendliche Messe in der Santiago Kirche. Für 5 € pro Person erhalten wir den Schlüssel zur Herberge und natürlich jeder einen weiteren Pilgerstempel.

Abgesehen von einem jungen Pärchen aus Australien sind wir die einzigen Gäste. Die beiden Aussis sind jedoch ausgeflogen, als wir die Herberge betreten.

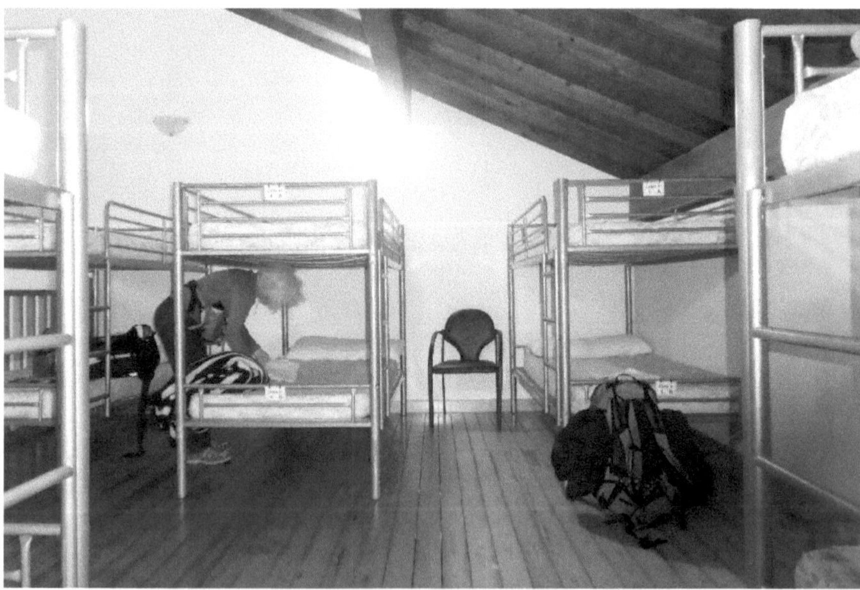

Diese besteht aus einem einzigen großen, fensterlosen zweigeschossigen Raum. Im hinteren Teil des Erdgeschosses befinden sich zwei Räume mit jeweils einer Toilette, Dusche und Waschbecken (jeweils sauber und gepflegt, die Dusche sogar mit sehr heißem Wasser), davor der Aufgang zum Schlafbereich im Obergeschoss und daneben zwei weitere Betten. Oben haben wir unter 20 Betten die freie Auswahl. Einweg-Kopfkissenbezüge und Einweg-Matratzenbezüge liegen auf jedem Bett.

Dazu benutzen wir diesmal unsere eigenen Schlafsäcke. Und auch Steckdosen zum Aufladen der Mobiltelefon- und Kamera-Akkus sind direkt neben unseren Betten reichlich vorhanden.

Unser Zeitplan – eigentlich haben wir ja nicht einmal einen – passt wie am Vortag weiterhin perfekt. Wir bummeln durch die steil ansteigende Altstadt Pontedeumes hinauf zur Santiago Kirche (18. Jh.) und erreichen diese rund 20 Minuten vor der um 20 Uhr beginnenden Samstagabend-Messe. Während immer mehr Kirchgänger eintreffen, werden die Anwesenden mit Kirchenliedern eingestimmt. Die Messe ist, so weit wir dies mangels Spanisch-Kenntnissen und Vergleichsmöglichkeiten überhaupt beurteilen können, insofern bemerkenswert, als hier ein großer Teil der Liturgie sowohl vom Priester als auch den vortragenden Laien und der Gemeinde selbst gesungen wird.

Nach der Messe – inzwischen ist es fast 21 Uhr – durchstreifen wir die Altstadt auf der Suche nach einem passenden Lokal für unser Abendessen. Einige Restaurants wirken wie ausgestorben, andere sind restlos überfüllt, wieder andere gefallen uns nicht. Direkt an der Uferstraße der Ría Ume werden wir schließlich im Mesón La Carrera fündig.

Ab Startpunkt des Camino Inglés sind wir an diesem Tag 1 in – einschließlich aller Pausen – gut 8 Stunden rund 31 Kilometer mit knapp 400 Höhenmetern gegangen. Als Warm-up finden wir das sehr okay. Zugleich haben wir allerdings bereits 3 ½ von 7 Seiten unserer Pilgerpässe voll gestempelt. Das werden wir in den folgenden Tagen ändern müssen.

Erkenntnis des Tages: Unser Weg, unser Tag und unser Abend fügen sich wie von selbst zusammen. Wir müssen nur alles zulassen. Dann passt es schon.

abends in Pontedeumes Altstadt

21. OKTOBER 2018
VON PONTEDEUME NACH PRESEDO

Obgleich wir am Vorabend für meine Verhältnisse recht früh (gegen 22:30 Uhr) zu Bett gegangen sind und ich sehr gut geschlafen habe, komme ich an diesem zweiten Pilgertag nur schwer bzw. spät aus der Koje. Vielleicht fehlt mir in der fensterlosen Albergue einfach das Tageslicht. Immerhin sind wir um Viertel nach neun fertig, verlassen die Herberge (die Australier waren etwa eine halbe Stunde vor uns aufgebrochen) und werfen unseren Schlüssel in den Briefkasten der Herberge.

Da unser am Vorabend ausgesuchtes Frühstückslokal gerade von einer Busladung Senioren überschwemmt wird, weichen wir in das gegenüber liegende Café Martino aus. Das ist eine nur bedingt gute Idee, folgen uns doch wenig später alle Senioren, die im ersten Lokal keinen Platz mehr gefunden haben. So trinken wir nur schnell einen Café con Leche Grande und machen uns noch deutlich vor 10 Uhr auf den Weg.

Der Camino führt uns nun steil bergan durch die Altstadt, wobei wir den Weg bis zur Santiago Kirche ja bereits vom Vorabend kennen. Auf den ersten 1,6 Kilometer „gewinnen" wir fast 180 Höhenmeter.

Zwischendurch bietet sich uns von einem Aussichtspunkt ein herrlicher Blick auf Pontedeume und die Ría und eine gute und unauffällige Gelegenheit, in Ruhe zu verschnaufen…

Der Weg steigt aber noch weiter an und flacht erst ab **Cermuzo** endlich
ab. Obgleich wir inzwischen nur noch in T-Shirts unterwegs sind (und dies
will bei Christine wirklich etwas heißen!), sind wir beide schweißgebadet.

Die warme Morgensonne taucht die wunderschöne Landschaft in herrlich weiches Licht. Die Vegetation präsentiert sich hier – wie auch sonst häufig – sehr vielfältig: Wir sehen am Wegrand Passionsblumen (mit Früchten), Feigen, Eukalyptus, aber auch Dahlien und Agaven…

Immer wieder wandern wir durch Hohlwege, bei denen wir nicht nur das Spiel des Lichts und der Farben bewundern und genießen, sondern bei denen wir uns auch fragen, wie denn die genau an den Abbruchkanten stehenden hohen Bäume dem Wind und dem Wetter standhalten ohne umzustürzen.

Beidseits des Wegs befinden sich zahlreiche Rastplätze, teils auch mit Feuerstellen, die jetzt im Herbst aber alle einsam und verweist brach liegen, ebenso wie die vereinzelten überdachten Waschstellen.

Während in geschützten Lagen vereinzelt noch Tautropfen im hohen Gras zu sehen sind, brennt wenig später auf den exponierten Abschnitten bereits kräftig die Sonne. Da trifft es sich gut, dass wir rasch wieder auf eine Selbstbedienungs-Verpflegungsstelle stoßen.

Nach etwa drei Kilometern flach abschüssiger Strecke überqueren wir die Autobahn AP-9F und erreichen kurz danach den nächsten steilen, wenngleich relativ kurzen Anstieg. Bei Kilometer 5,8 der ersten heutigen

Teil-Etappe haben wir dann immerhin unseren zweiten und letzten „Gipfel" erreicht, und nun geht es ab **Vladeiro** wieder knapp zwei Kilometer auf schmalen Sträßchen angenehm bergab.

Autobahnabfahrt in luftiger Höhe

Kurz vor einer Hauptstraße treffen wir an einer Rast- und Wasserstelle auf den **Rio Baxoi**, den wir auf einer hübschen kleinen einbogigen Brücke aus dem 14. Jahrhundert überqueren.

Nach wenigen Hundert Metern wird der zunächst schmale, flache Waldweg breiter, und wir unterqueren nun die Brücken einer hoch über uns verlaufenden Autobahn und einer dazu gehörenden Anschlussstelle. Die Stützwand zu unserer linken Seite ist mit zahlreichen Graffitis „verziert" oder eher verunstaltet.

Nach einem Linksbogen mit Anstieg finden wir uns auf gleicher Höhe mit den vorhin unterquerten Autobahnbrücken – nur halt auf deren anderer Seite – wieder. Glücklicherweise kehren wir der Autobahn aber sofort wieder den Rücken und erreichen stattdessen den Ortsrand von **Miño**.

Der Camino führt uns bergab ins Zentrum des Ortes, wo gerade eine Mischung aus Textilmarkt und Flohmarkt stattfindet. Dieser interessiert uns jedoch nicht besonders, weshalb wir uns sofort auf die Suche nach einer Stempelstelle für unsere Pilgerpässe machen. Eine Straße weiter werden wir mit im Café - Bar Miño fündig.

Wir sind immer noch ohne Frühstück und nach rund zehn Kilometern inzwischen hungrig genug für eine ausgiebige Picknick-Pause. So beschließen wir, weiter bergab – vom Camino weg – den Hinweisen zum Strand zu folgen, wo uns eine Bank an der gepflegten Strandpromenade zum Verweilen einlädt.

Wir bereiten unsere belegten Brötchen zu und verzehren sie mit Heißhunger. Zum Nachtisch gibt es Obst und Schokolade und die ganze Zeit über natürlich den fantastischen Ausblick auf die Bucht und die gegenüberliegenden Berge.

Gegen 13 Uhr brechen wir wieder auf. Christine drängelt ein wenig. Sie ist unruhig wegen der noch anstehenden mehr als 20 Kilometer zu unserem geplanten Tagesziel. Ich kann sie gut verstehen, auch wenn ich mich auf dem Camino ungern scheuchen lassen möchte.

Wir kehren zurück in den Ort und zum markierten Weg. Die Mittagshitze brennt, und die Rúa Real steigt erneut beständig an. Was mir in diesem Wegabschnitt besonders gefällt, sind die vielen kleinen Details an und vor den Häusern und die unendlich vielen fantasievollen Camino-Wegweiser. Und an einer Hausfront begegnen uns sogar Schneewittchen und die sieben Zwerge.

Am Ortsrand, kurz hinter dem tief unter uns liegenden Bahnhof und nach einem Aussichtspunkt mit schönem Blick auf die Ría, biegen kurz halbrechts von der Hauptstraße ab und überqueren die Bahnstrecke auf einer interessanten Fußgängerbrücke.

Rechts des Wegs liegt eine verlassene Bucht mit einem schönen Sandstrand und Strandduschen. Ein kleiner Fluss mündet träge ins Meer. Ich biege einige Meter vom Weg ab, fotografiere und schließe langsam wieder zu Christine auf, die in **A Ponte do Porco**, unserem nächsten Ort, ungeduldig auf mich wartet.

Hier im Tal des **Rio Lambre** folgt der Camino der kurvigen Landstraße. Ein Verkehrsschild weist die Autofahrer auf Radfahrer hin, die für einige Zeit ebenfalls unserer Route folgen, nicht aber auf uns Pilger.

Neben der Einfahrt zu einem Privatgrundstück finden wir eine von den Anwohnern eingerichtete Wasserstelle, an der wir dankbar unsere Trinkflaschen auffüllen.

Glücklicherweise verlässt der Camino diese zwar hübsche, aber unruhige und daher ungemütliche Landstraße bereits nach 1,4 Kilometern. Bei „Km 71,595" führt uns eine kleine, Steinbrücke aus dem 14. Jahrhundert über den **Rio Lambre**, und direkt hinter dieser Brücke steigt der Camino im Buschwald wieder steil an. Noch vor dem Ort **Lambre** finden wir zahlreiche reife Maronen auf dem Weg. Die Schalen sind zwar stachelig, aber ich greife mir trotzdem immer wieder eine davon und habe rasch eine gute Handvoll Esskastanien in meiner Gürteltasche. Bis zum Rückflug wird mein Maronen-Bestand im Rucksack auf rund 600 Gramm anwachsen, ein partieller Gewichtsausgleich für den schwindenden Bestand an Elektrolytpulverbeuteln und Kaubonbons.

Hinter dem verschlafenen wirkenden Örtchen **Trasmil** führt uns der Camino bergab nach **Vilas** zu einer zweispurigen verkehrsreichen Asphaltstraße. Hier treffen wir auf das Café Navedo, an dessen Front ein großes blaues Schild prangt: *„Sellado de credenciales – Get your pilgrim's passport stamped here"*. Das lassen wir uns nicht zweimal sagen.

Wir folgen der Hauptstraße nach links, verlassen sie aber zum Glück bereits nach rund 300 Metern wieder und biegen in ein kleines altes Sträßchen ein, das rasch und zunehmend steil ansteigt. Hier treffen wir erstmals an diesem Tag Mitpilger: Ein russisches Trio – ein Ehepaar und eine Freundin der beiden – rastet im Schatten. Wir begrüßen einander freundlich, und sie erzählen uns, dass drei Frauen vor uns seien.

Hinter **Chantada** haben wir bald den höchsten Punkt unserer zweiten heutigen Teil-Etappe erreicht. Nun geht es wieder sanft bergab.

Brunnen von P. de Souto Gas

Nach rechts bzw. nach Westen haben wir immer wieder eine schöne Aussicht auf die parallel zu uns nach Süden verlaufende Meeresbucht und

52

die dahinter sich erhebenden Berge. Hinter dem schönen alten Brunnen von **P. de Souto Gas**, an dem ich erneut meine Flasche auffülle, schließen die drei Russen wieder zu uns auf. Sie sprechen ein wenig Englisch, und so kommen wir ins Gespräch. Ich erkundige mich, ob das Jakobswege-Pilgern in der russisch-orthodoxen Kirche populär ist. Das können die drei nicht beantworten. Sie pilgern weniger aus religiösen oder spirituellen Gründen, sondern vielmehr auf Anregung russischer facebook-Gruppen.

Kirche San Martino de Tiobre

Noch vor **Arua** lassen wir die drei Russen ziehen. Wir folgen ihnen in Sichtweite durch **San Palo** zur kleinen romanischen Kirche **San Martino de Tiobre**, von der sich uns ein wunderschöner Ausblick hinunter nach **Betanzos**, unserem nächsten Zielort, bietet. Während wir uns auf den Bänken zwischen Friedhofseingang und Kirche im Schatten niederlassen, rasten unsere russischen Mitpilger rund 50 Meter von uns entfernt unter einem großen Solitärbaum.

Leider ist die Kirche – wie alle anderen auch, die wir auf unserem Weg sehen – verschlossen. Immerhin finden wir den in meinem Pilgerführer beschriebenen Wasserhahn auf dem Friedhof, an dem nun Christine ihre Flasche auffüllt.

Blick über die Ponte Vella über den Rio Mandero auf Betanzos

Ab hier geht es bis **Betanzos** fast nur noch bergab. Wir **durchqueren O Barral** und **Caraña de Arriba**, wo wir – leicht seitlich versetzt – eine Landstraße queren. Ab dem Heiligtum **Nosa Señora del Camiño** mit seiner zwischen 1568 und 1599 errichteten Renaissancekirche wird die nun gepflasterte Straße bergab steiler, und bald haben wir wieder Meeresniveau erreicht und damit auch die Ponte Vella über den **Rio Mandero**, hinter dem sich das malerische Betanzos erhebt.

Unsere russischen Mitpilger haben gerade den Fluss überquert und biegen am gegenüberliegenden Ufer nach rechts ab. Wir hingegen folgen nach der Brücke den Wegzeichen des Camino, gehen geradeaus durch den Torbogen Arco de Ponte Vella, einem Rest der mittelalterlichen Stadtmauer, in die Altstadt, in der der Camino rasch sehr steil ansteigt.

Betanzos wurde erstmals im Jahr 1219 urkundlich erwähnt, als die Bevölkerung vom bisherigen zum heutigen Standort umzog, der über einer alten keltischen Festung liegt. 1465 erhielt der Ort von Heinrich IV. von Kastilien die Stadtrechte. Seine Blüte erlebte Betanzos im 15. bis 17. Jahrhundert. Bis 1834 war es auch eine von sieben Provinzhauptstädten des Königreichs Galicien.

Torbogen Arco de Ponte Vella

Steiler Anstieg in der Rúa Prateiros

Heutzutage gilt Betanzos als „Hauptstadt der galicischen Gotik", und seine mittelalterliche Altstadt zählt zu den schönsten und besterhaltenen ihrer Art in Galicien. Herausragend sind vor allem die Kirchen San Francisco, Santiago und Santa Maria, die alle im 15. Jahrhundert auf Initiative von Fernán Pérez de Andrade errichtet wurden, der Stadtturm (Uhrturm) aus dem 16. Jahrhundert und die Stadtmauern mit drei Stadttoren.

Betanzos wäre es also zweifellos wert gewesen, hier und heute gegen 16 Uhr Feierabend zu machen und ihre Altstadt, ihre Kirchen und sonstigen Sehenswürdigkeiten in Ruhe zu erkunden und zu genießen. Für eine eventuelle weitere Pilgerreise auf diesem Weg nehmen wir uns dies auch vor.

Diesmal muss jedoch ein kurzer Rundgang reichen. Wir verlassen daher nach dem ersten Anstieg der Rúa Prateiros (Silberschmiedstraße) den Camino nach rechts in die Rúa Travesa.

Wochentags, so können wir uns gut vorstellen, dürfte in dieser schönen Einkaufsstraße jede Menge Trubel und Leben herrschen. Jetzt, am Sonntag-Nachmittag, wirkt die Straße wie ausgestorben. Wir betrachten im Vorbeigehen die vielen schönen Portale und Fassaden, fotografieren einige davon und gelangen zur gotischen Kirche Santa Maria del Azougue, wo uns, von unten kommend, unsere drei russischen Mitpilger wieder begegnen.

Gemeinsam biegen wir nach links in die Rúa Pescaderia und betreten das stattliche Haus Nr. 4, die „Casa da Pescaderia". Die hier untergebrachte öffentliche galicische Pilgerherberge hat einen überaus guten Ruf. Während unsere drei Mitpilger hier einchecken, lassen wir nur unsere Pilgerpässe stempeln und ziehen gleich weiter.

Gebäude an der Plaza de la Constitucion

Wir biegen in die nächste Straße links, die Rúa Roldán, ein und gelangen zur Plaza de la Constitucion mit dem Rathaus und der Jakobuskirche. Direkt daneben treffen wir auf das das chic aussehende Banca Café, in dem ich mir ebenfalls einen Stempel holen möchte. Die junge Mitarbeiterin hinter dem Tresen ist zwar sehr nett und attraktiv, muss aber passen: Sie weiß nicht, wo der Stempel ist, und findet ihn auch trotz emsigen Suchens nicht.

Vorbei an der Policia Local de Betanzos, der Polizeidienststelle, gelangen wir an einer Kreuzung wieder auf den Camino. Er kommt von links aus der Rúa Prateiros, die wir vor unserem Bogen durch die Altstadt verlassen haben, und knickt hier in unsere aktuelle Gehrichtung in die Porta da Vila ein.

So gelangen wir zur weitläufigen Praza de García Hermanos mit ihren chicen Restaurants sowie der Kirche San Domingos (17. Jh.). Wir kreuzen die Av. de Castela und treffen zu Christines Freude auf einen kleinen mobilen Stand, der Maronen röstet und verkauft. Leider ist der Mann aber noch dabei, seinen Ofen anzufeuern, und hat noch keine fertige Ware anzubieten.

Praza de García Hermanos

Mit der Text-Beschreibung in meinem Outdoor-Pilgerführer komme ich hier nicht weiter. Und den kleinen Stadtplan zwei Seiten vorher nutze ich blöderweise nicht. Aber Christines Pilgerführer von Andrea Ilchmann gibt uns mit dem Standbild der Gebrüder Hermanos den richtigen Orientierungspunkt, und rasch finden wir wieder unsere vertrauten Wegzeichen.

Es ist inzwischen 16:15 Uhr, und wir beginnen nun unsere dritte Teil-Etappe des heutigen Tages. Bis auf eine Bar im neueren Wegverlauf des Caminos, so berichten unsere Quellen übereinstimmend, werden wir hier auf diesem Segment des Wegs keinerlei Einkehr- oder Einkaufsmöglichkeit finden. Und tatsächlich ist es einer der einsamsten Abschnitte des gesamten Camino Inglés.

Nach knapp einem Kilometer überqueren wir mittels der kleinen Brücke von **As Cascas** den **Rio Mandeo** und direkt dahinter eine verkehrsreiche Straße. Gleich hinter dem nächsten Haus biegen wir nach links in eine

58

kleine Straße ein. Sie führt uns stetig bergauf aus dem Ort hinaus wieder ins Grüne.

Nach rund 2,5 Kilometer überqueren wir nahe des höchsten Punkts dieses Wegabschnitts die Autobahn A6. Einen weiteren Kilometer später erreichen wir eine breitere, aber ruhige Landstraße, der wir bergab folgen. Immer weiter bergab gehend, gelangen wir über verschiedene Anschlusswege hinunter ins Tal des **Rio Mero**. An einer T-Kreuzung biegen wir nun nach rechts.

Nachdem wir das Ortsschild der Gemeinde Cos erreicht haben, biegt der Camino nach links in einen schmalen Waldweg. Dieser bringt uns zur hübschen Kirche **San Estaban de Cos**, die aber – wie alle anderen Kirchen zuvor – „natürlich" verschlossen ist. Christine erkundigt sich noch bei einer Frau, die auf dem Friedhof neben der Kirche mit Grabpflege beschäftigt ist, nach dem Schlüssel, aber es bleibt dabei: Zu ist zu.

Einer der viele idyllischen Wegabschnitte des Camino Inglés

Wir passieren einige hübsche traditionelle Speicher und gelangen bergauf zur Landstraße DP-0105. Hier müssen wir uns nun entscheiden, ob wir der neuen Wegführung des Camino oder der in beiden Pilgerführern und auch bei gronze.com empfohlenen 500 Meter längeren, aber ungleich schöneren alten Strecke folgen wollen.

Subjektiv tendieren wir beide zur schönen, alten Streckenversion. Andererseits ist es inzwischen 18:15 Uhr, und wir haben beide keine Lust, uns bei nachlassendem Tageslicht und möglicherweise verblasster oder zugewachsener Streckenmarkierung noch irgendwo zu verlaufen. Also gehen wir die neue, aktuelle Route…

Traditioneller Speicher in Cos

Wir folgen der DP-0105, die deutlich weniger Autoverkehr aufweist, als wir nach den Beschreibungen befürchtet hatten. Nach knapp drei Kilometern erreichen wir das Ortsschild von **Presedo** und biegen – wie bereits beim Ortsschild von Cos – nach links in einen schmalen, ansteigenden Waldweg ein. Als der Wald endet, durchqueren wir ein paar Viehweiden.

Wir erreichen bald den Ort Presedo, wo uns gleich am ersten Haus ein auf dem Boden an eine Mauer gelehntes Schild den Weg nach rechts zur Pilgerherberge weist. (Der Camino selbst führt hier weiter geradeaus.) Sowohl die Wegbeschreibung im Pilgerführer als auch die Wegzeichen sind mehr als gut, und gut 250 Meter später erreichen wir – es ist wie bei

60

unserer gestrigen Zielankunft gerade 19:10 Uhr – die 2014 eröffnete Pilgerherberge.

Ankunft in Presedo

Mary, die Hospitalera, die die Herberge mittags um 13 Uhr geöffnet hatte, hat soeben die um 19 Uhr begonnene Registrierung der zwischenzeitlich eingetroffenen Übernachtungsgäste beendet und will, als wir um die Ecke biegen, gerade ihr Auto besteigen. Stattdessen begrüßt sie uns nun sehr freundlich und begleitet uns in die einfache kleine Herberge, wo wir uns bei ihr auch gleich anmelden können und unsere 7 € Übernachtungsgeld bezahlen.

Die Herberge besteht aus einem kleinen Flur, von dem der einfache Sanitärbereich mit je zwei Waschbecken, Toiletten und Duschen (auch hier alles sauber und zweckmäßig und die Duschen mit heißem Wasser!) und die Küche abzweigen. Durch letztere gelangt man in den Schlafraum mit 16 Betten.

Wir sind zu sechst, das heißt: Außer uns übernachten hier noch vier weitere Pilger: drei Spanier und ein Belgier.

Wir wählen die beiden unteren Betten rechts und links der Eingangstür, beziehen wie am Vorabend die Kopfkissen und Matratzen mit den bereit liegenden Einmalbezügen und rollen unsere Schlafsäcke aus.

In der Herberge in Presedo

Da wir seit Miño, also seit fast sieben Stunden, nichts gegessen haben, brechen wir zügig zum nur etwa 450 Meter entfernten Restaurant Mesón-Museo Xente no Camino auf.

Dieses ist einerseits für seine gute Küche, andererseits für seine Ausmalung mit mittelalterlichen Figuren und Szenen bekannt. Bei unserem Eintreffen dort verlassen gerade einige Autos den dazu gehörigen Parkplatz, und so sind wir die einzigen Gäste des Lokals.

Das Essen ist lecker, die Portionen ausreichend groß und der Preis von 23 Euro für zwei Personen einschließlich Wasser und drei Gläsern Wein nicht überzogen. Christine bekommt noch zwei hübsche Stempel in ihren Pilgerpass, ich nicht, weil meiner in der Albergue liegt.

Gleich mehrfach bestätigt man uns, dass das Restaurant morgen früh um acht Uhr öffnen wird, was uns als Frühstückszeit sehr gelegen kommt, haben wir doch morgen unsere längste Tagesetappe vor uns.

Wieder in der Herberge, duschen wir, und während Christine noch etwas liest, unterhalte ich mich in der Küche angeregt mit dem belgischen Mitpilger. Ich mag vor allem auch seinen flämischen Akzent.

Heute haben wir drei Etappen an einem Tag geschafft – Pontedeume nach Miño, Miño nach Betanzos und Betanzos nach Presedo mit zusammen rund 33 Kilometern und 970 Höhenmetern – und waren bei durchschnittlich 24 °C (im Schatten) und mit reichlich Sonne, also eher bei 31 °C, gut neun Stunden unterwegs, einschließlich unserer Pause in Miño und der Besichtigungsrunde in Betanzos.

Morgen erwarten uns, wie wir beim Abendessen ausgerechnet haben, zwar nur etwa 790 Höhenmeter, aber dafür – da weichen die Angaben unserer Pilgerführer deutlich auseinander – zwischen 37 und 41 Kilometer.

Erkenntnis des Tages: Der Camino Inglés kann im Oktober zwar ziemlich leer und einsam sein, aber wir sind nicht allein. Mindestens drei Russen, drei Spanier und ein Belgier sind zeitgleich mit uns unterwegs.

22. OKTOBER 2018
VON PRESEDO NACH SIGÜEIRO

Als vor sieben Uhr unsere Handy-Wecker und die unserer Mitpilger klingeln und die Herberge zum Leben erwacht, ist es draußen noch stockduster. Ich fühle mich frisch und ausgeruht, habe prima geschlafen, obgleich der Belgier gestern Abend als Erster zu schnarchen begann und die Spanier sich ihm zügig anschlossen.

Alle scheinen um die Wette zu packen, und um kurz nach acht Uhr verlassen Christine und ich tatsächlich als Letzte die Albergue. Christine schließt die Eingangstür ab und wirft den Schlüssel (diesmal gab es nur diesen einen für alle Gäste zusammen) in den Briefkasten.

Wir pilgern leicht bergauf zur Landstraße und weiter *zum* Meson-Museo Xente no Camino, wo wir gegen Viertel nach acht eintreffen. Hier ist jedoch noch alles in tiefster Dunkelheit und keine Menschenseele zu finden, so dass wir – nolens, volens – weiter gehen.

Uwe Wingerning, ein erfahrener Pilger und Pilgerbegleiter, den ich ein Wochenende später während des 100 Kilometer Megamarsches auf Sylt kennen lerne, erklärt mir später, dass die Zusicherung, *„um acht Uhr"* geöffnet zu haben, ähnlich wie im Rheinischen zu verstehen sei. Also *„um und bei acht Uhr"*, was auch eine halbe Stunde später heißen könne.

Während gegen halb neun so langsam die Morgendämmerung beginnt, wundern wir uns, dass wir auf unserem Weg entlang der Landstraße keinerlei Wegzeichen finden.

Plötzlich tauchen von links aus einer Nebenstraße die drei Spanier auf, die parallel zur Straße auf dem Camino gegangen waren. Klar: Die Spanier waren zurück zum Camino und auf diesem durch den Ort gegangen, während wir stattdessen auf der Suche nach unserem Frühstück der Landstraße folgten!

Gemeinsam finden wir dann problemlos den Abzweig nach rechts. Die Piste, der wir nun folgen, steigt zunächst steil an und onduliert dann durch große Eukalyptuswälder. So langsam wird es nun hell.

Es fällt uns beiden ziemlich schwer, heute früh die Strecke und die Beschreibungen in unseren Pilgerführern in Einklang zu bringen, obgleich die Texte durchaus korrekt sind.

Wir gehen zwischenzeitlich wieder auf einer kleinen Asphaltstraße bergab und erreichen in **Beche** einen kleinen Badesee mit einem dazu gehörenden Rastplatz und Wasserstelle. Alles wirkt völlig verlassen und in tiefstem Schlaf, während hier im Sommer sicherlich jede Menge Betrieb herrschen muss.

An der Hauptstraße biegen wir sogleich nach links ab, unterqueren die Autobahn AP-9 und biegen kurz darauf – jetzt nach rechts – in eine steil ansteigende Piste ab.

Inzwischen steht die Sonne am wolkenlosen Himmel. Unser Weg führt nun durch grüne Wiesen, taucht bald erneut in einen Eukalyptuswald ein und wird gleich wieder steiler.

Hinter einer Hühnerfarm zu unserer Linken und einigen sehr schönen großen Kiefern flacht der Weg endlich ab.

Wir sind inzwischen zwei Stunden stramm unterwegs und haben bislang weder einen Kaffee gehabt noch etwas gegessen. So freuen wir uns – leider etwas vorschnell, als links von uns ein Ort zu erkennen ist.

Doch kurz vorher biegt der Camino nach rechts in ein frisch gerodetes Areal ab. Pech gehabt!

Kurz vor einer Maronen-Plantage haben wir einen herrlichen Blick weit nach Nordosten und Norden.

Unser Weg führt nun sanft bergab, geht wenig später in eine kleine Asphaltstraße über, und so erreichen wir schließlich an einer T-Kreuzung den Ort *As Travesas* und eine größere und verkehrsreiche Straße.

Hier treffen, wie wir später realisieren, die beiden Äste des Camino Inglés, also unser Weg ab **Ferrol** und der deutlich kürzere, nur 74 Kilometer lange Weg ab **A Coruña**, zusammen.

Wir folgen der AC-542 nach links in den Ort hinein und entdecken dort endlich – inzwischen ist es halb elf – die Bar Casa Avelina.

Die Bar ist um diese Zeit noch ziemlich leer. Während am Tresen drei Männer diskutieren, sind alle Tische frei. Wir bestellen zwei große Milchkaffees, und Christine gönnt sich zusätzlich ein Eis einer ihrer Lieblingssorten. Auf einem kleinen Beistelltischchen finden wir den Stempel der Bar sowie den hübschen Stempel der benachbarten Kirche Capela de San Roque das Travesas, die wir unserer Sammlung hinzufügen.

Unser erster Milchkaffee des Tages – um halb elf!

Während wir es uns gut gehen lassen und ausruhen, füllt sich die Bar immer mehr, und rasch sind alle Plätze am Tresen besetzt. Wir wundern uns, wieso all diese Leute am Montagvormittag so viel Zeit haben.

„Pilgertreffen" in As Travesas

Plötzlich geht die Tür auf, und die drei spanischen Pilger aus der Albergue in Presedo stehen vor uns. Sie sind ähnlich überrascht wie wir, und wir begrüßen einander wie alte Freunde, die sich eine halbe Ewigkeit nicht mehr gesehen haben.

Einer der beiden Männer – alle drei kommen übrigens aus Südspanien – trägt ein T-Shirt mit dem Aufdruck „Camino Benidorm", den sie 2017 gegangen sind und von dem sie begeistert berichten.

Bevor wir aufbrechen, macht die Wirtin mit unseren Digitalkameras noch schnell diverse spanisch-deutsche Gruppenfotos von uns Fünfen.

Wir schultern unsere Rucksäcke und gehen auf die Tür zu, als diese sich erneut öffnet und der Belgier aus unserer Albergue vor uns steht! Jetzt ist unser Übernachtungs-Sextett aus Presedo plötzlich nach 2 ½ Stunden Pilgermarsch für einige kurze Momente wieder in einem Raum in *As Travesas* komplett!

Der Camino folgt nun knapp 1 ½ Kilometer der verkehrsreichen AC-542, ehe er beim Wegzeichen „42,119 Kilometer" endlich nach links in eine Schotterpiste abbiegt. Für einen kurzen Moment überkommt uns ein merkwürdiges Gefühl: Wir sind jetzt gerade erst gut 48 Stunden auf dem Camino Inglés unterwegs, haben endlich unseren Rhythmus gefunden, und „plötzlich" bleibt uns weniger als eine Marathondistanz bis zu unserem Pilgerziel, der Kathedrale in Santiago de Compostela!

A propos „Marathon": Natürlich war uns auf unserem Weg so manches Mal der Gedanke durch den Kopf gegangen, ob man diesen Camino nicht vielleicht durchgehend oder in zwei Etappen als Ultramarathon laufen kann. Ein Hannoveraner Mitglied des „100 Marathon Club Deutschland" hatte dies auch diverse Male angefragt.

Aber abgesehen davon, dass uns das Pilgern auf dem Camino ja zum Entschleunigen und zum Nachdenken Gelegenheit bieten soll, können wir uns auch nicht vorstellen, aus dem Camino ein Sport-Event zu machen.

Entspanntes Gehen ist – hier und jetzt – ganz eindeutig die bessere und einzig richtige Wahl für uns.

Auch wenn wir zwischendurch einige kleine Orte und Kirchen erreichen, so ist der nächste Streckenabschnitt eher einsam und abgeschieden. Einkaufsmöglichkeiten sehen wir keine (brauchen sie jedoch auch nicht). Einkehrmöglichkeiten gibt es nur noch drei.

Nach dem Monolithen mit der „42,119" führt uns der Camino durch schöne sonnendurchflutete Wiesen und einige schattige, teilweise tunnelartig anmutende Hohlwege mit herrlicher Lichtstimmung.

Wir erreichen eine kleine Asphaltstraße, biegen an der nächsten Kreuzung nach rechts ab, durchstreifen einen kleinen Ort und stehen plötzlich, 18 Minuten nach Verlassen der AC-542, vor einem Gebäude, das ich ganz sicher von Abbildungen her kenne.

Das ist eindeutig die Pilgerherberge in **Hospital de Bruma**, um die sich viele Pilgergeschichten ranken! Die hatten wir noch längst nicht erwartet. Unsere Uhren zeigen 11:30 Uhr an, also sind wir abzüglich unserer Einkehr in As Travesas erst rund drei Stunden in diesem sehr profilierten Gelände unterwegs, und nach Andrea Ilchmann sollte dieser Wegabschnitt immerhin 16 Kilometer lang sein. Mehr als 5 km/h sind wir jedoch auf keinen Fall gegangen.

Da passen die 12,7 Kilometer bei Raimund Joos schon eher. Vier Stundenkilometer klingen deutlich realistischer.

Da die Herberge, in der unsere Mitpilger aus Spanien und Belgien heute übernachten wollen, noch geschlossen ist, lassen wir unsere Pilgerpässe schräg gegenüber im rustikalen, 2016 eröffneten Restaurant Casa Graña, benannt nach seiner Besitzerin Maria Graña Bouzas, stempeln. Die kleine Steinkirche direkt dahinter ist natürlich wieder einmal verschlossen.

Die Landschaft öffnet sich wieder, und wir folgen während der nächsten Kilometer einer kleinen, leicht abwärts führenden Asphaltstraße.

Wir durchqueren den kleinen Ort **O Seixo** und erreichen nach einer
Viertelstunde die hübsche Kirche **San Pedro de Ardemil** mit einem schönen Steinkreuz neben dem Friedhofseingang.

Als wir nach einem kurzen Rundgang um die Kirche herum weiter in
den Ort gehen, bemerke ich, dass ich die dünne Plastiktüte mit meinem
heute früh zubereiteten Brötchen, die ich zwischenzeitlich aus meinem
Rucksack geholt und an meine Gürteltasche gebunden hatte, verloren
habe. Ich lasse meinen Rucksack bei Christine und laufe die kleine Dorf-
straße zurück. Nach 300 Metern werde ich fündig: Meine Tüte liegt unver-
sehrt mitten auf der Straße!

Skulpturen im Umfeld der Cafe Bar Uzal

Nachdem ich mein Brötchen verzehrt habe, erreichen wir kurz vor dem
Ortsende auf der rechten Straßenseite die **Café Bar Uzal**. Sie ist wirklich
nicht zu übersehen, ist sie doch von teils bizarren Skulpturen und Installa-
tionen eines Künstlers, darunter einer überdimensionalen Pilgerfigur, um-
geben.

Da unser Sinn nach einem weiteren Milchkaffee steht, kehren wir hier
ein. Wir sind die einzigen Gäste. Der Gastraum ist äußerst schlicht und
ungemütlich. Der große Flachbild-Fernseher dröhnt, und so halten wir uns

nicht unnötig lange auf, sondern gehen rasch weiter, nicht ohne zuvor noch am Brunnen neben dem Café unsere Flaschen aufgefüllt zu haben.

Die Temperatur ist inzwischen auf 27 °C (im wenig vorhandenen Schatten) angestiegen, so dass wir sehr darauf achten, unsere Wasservorräte bei jeder Gelegenheit aufzufüllen. Da ich noch aus den Restbeständen eines Treppenhausmarathons in Hannover, bei dem ich im Februar dieses Jahres Wettkampfarzt war, ausreichend viele Portionstütchen Elektrolytpulver für meine 0,75-Liter-Flasche besitze und mitführe, mische ich mir jeweils meine eigene Trinklösung an.

Wir durchqueren – immer noch auf dieser kleinen Landstraße – die Orte **Mamoas**, **Porto** und **Caballeira** und finden auch die bei Raimund Joos beschriebene etwas versteckte Wasserstelle unterhalb einer Sitzbank rechts der Straße, die wir jedoch nicht beanspruchen müssen.

Beim Wegstein „Km 34,665" biegen wir von der Straße auf einen unbefestigten Weg ab und gelangen nach einem weiteren hübschen Hohlweg nach **Buscás A Rúa**. Vorbei an der Casa Doña Maria, einer stilvollen Pension im Landhausstil, erreichen wir die kleine romanische Kirche **San Pelayo de Buscás**, besichtigen dies von außen und stempeln gleich dahinter in der Café Bar A Rúa wieder einmal unsere Pilgerpässe.

72

Kirche San Pelayo de Buscás

Da wir noch selbst gemachte Brötchen im Rucksack haben, „vernichten" wir auf den folgenden Kilometern diese, anstatt hier einzukehren und länger zu verweilen. Wir sind bislang zwar an unserem dritten Tag gut unterwegs, aber da wir das heute noch verbleibende Reststück nicht so richtig abzuschätzen vermögen, wollen wir lieber nicht unnötig herumtrödeln.

In **Vitarino** treffen wir auf ein großes Schild mit der Aufschrift:

CAFE BAR O CRUCEIRO
A CALLE (POULO)
A 3,5 KM
ÚLTIMA PARADA
ANTES SIGÜEIRO
LAST STOP
BEFORE SIGÜEIRO

Beim Wegstein „Km 31,914" verlassen wir die Straße. Der nun wieder unbefestigte Camino windet sich durch wunderschöne Hohlwege leicht bergan. Wir unterqueren die AC-524, ignorieren den Abzweig zur Casa Antón Veiras und nehmen die nächsten ansteigenden Hohlwege in Angriff. Dieser Wegabschnitt ist ein wahrer Genuss!

A propos „Angriff": Kurz vor dem Wegzeichen „Km 30,757" verteidigen zwei Hofhunde nicht nur ihr Grundstück rechts des Weges, sondern scheinen auch den Camino selbst zu ihrem Revier zu rechnen. Das macht Christine etwas Angst, so dass ich meine Begleiterin kurz entschlossen gegen die „wilden Bestien" verteidigen und beschützen muss.

Der Weg senkt sich jetzt wieder und verläuft noch ein kurzes Stück zwischen dem Wald links und einem noch hochstehenden Maisfeld rechts. Nachdem wir den Wald ganz verlassen haben, begegnen wir einer Kanadierin, die mit sehr leichtem Gepäck unterwegs ist, und zwar, wie sie uns erzählt, von Cadiz kommend auf dem Weg nach Ferrol. Sie pilgert also nicht wirklich, sondern benutzt die Markierungen der Caminos zu einer Süd-Nord-Durchquerung Spaniens!

Beim Wegstein „Km 29,975" weist uns ein weiteres Schild darauf hin, dass die **Café Bar O Cruceiro** jetzt nur noch einen Kilometer entfernt ist. Von dort sind es bis zu unserem Tagesziel *Sigüeiro* noch gute zwölf Kilometer, so dass wir beide längst beschlossen haben, hier auf eine Rast und einen großen Café con Leche einzukehren.

Als wir die Bar in **A Calle** und das markante Steinkreuz vor dem Gebäude gegen 15 Uhr endlich erreichen, ist dort alles verriegelt und

74

verrammelt. Das ist wirklich schade, aber zu unserem Glück sind wir nicht darauf angewiesen. Und so sind wir nach einigen Fotos rasch wieder auf der kleinen Landstraße unterwegs.

Der nächste Ort **Carballo** ist kaum als solcher zu erkennen, besteht im Prinzip eher aus einer beidseits locker bebauten Straße. Wir bewundern das ziemlich neue, aus großen grauen Steinblöcken erbaute Haus O Carballo 83 mit seiner gepflegten Außenanlage.

Nach der nun folgenden Kreuzung kommt uns ein kleiner Hund schwanzwedelnd entgegen. Er ist das komplette Gegenteil seines Artgenossen vor gut 30 Minuten und möchte von uns beiden einfach nur ausgiebig gestreichelt und beschmust werden

Wenig später verlassen wir die Asphaltstraße wieder. Nach einem weiteren schönen Hohlweg stoßen wir – neben den Resten einer mittelalterlichen Brücke über einen Bach auf eine weitere Straße. Wir überqueren den Bach und biegen bereits 200 Meter weiter nach halbrechts in eine Schotterpiste ein.

Wir folgen bergan zwei weiteren wunderschönen Hohlwegen und erreichen beim Wegstein „Km 24,407" die nächste Hügelkuppe. Leicht bergab gehend, gelangen wir knapp 1 ½ Kilometer später zur Autobahn AP-9 und unterqueren diese.

Nun müssen wir uns erneut zwischen zwei verschiedenen Wegoptionen entscheiden: Während der markierte Weg etwa 50 bis 100 Meter hinter der Unterführung beim Wegweiser „Km 22,953" nach rechts abbiegt und auf den nächsten 4,5 Kilometern dicht neben der Autobahn verläuft, empfehlen beide Pilgerführer und auch die spanische Website gronze.com übereinstimmend, hier geradeaus zu gehen und erst bei der nächsten Kreuzung 700 Meter später nach rechts abzubiegen.

Wir folgen dieser Empfehlung und wandern also nach der nächsten Kreuzung einen wie mit dem Lineal gezogenen schnurgeraden breiten Schotterweg neben einer Erdgasleitung entlang. Wir überqueren in einer Senke eine kleine Landstraße, erklimmen den nächsten Anstieg und treffen nahe einiger Häuser bei „Km 18,083" wieder auf den offiziellen Wegverlauf. Unser Weg ist nun wieder asphaltiert. Gut einen Kilometer lang durchqueren wir ein Industriegebiet, ehe wir beim Wegstein „Km 16,844" neben einer Übersichts- und Informationstafeln nach links in einen kleinen Waldweg einbiegen.

Ein letzter hübscher Hohlweg des Tages führt uns zu einer schönen, neuen gemauerten Brücke mit Holzgeländer, und 200 Meter später haben wir **Sigüeiro** erreicht.

Hier durchqueren wir zunächst ein Sport- und Freizeitareal, ehe wir bei der Polizeistation in die städtische Bebauung eintauchen.

Als wir einen Moment nach der nächsten Wegmarkierung suchend Ausschau halten, fragt uns ein älterer Mann sofort, ob er uns helfen könne. Er erklärt uns kurz den weiteren Wegverlauf, den wir dann auch problemlos finden, zumal auch die Ausschilderung nach wie vor gut genug ist, um sich nicht verlaufen zu müssen.

Wir biegen in die Rúa Camiño Real ein und stehen kurz vor 18 Uhr vor der **Albergue Camiño Real**, unserem Tagesziel!

Wir sind positiv überrascht, hatten wir doch – nach 38 Kilometern und 790 Höhenmetern – nicht wirklich mit einer solch frühen Ankunft gerechnet. Außerdem ist dies unsere erste Herberge, die direkt __am__ Camino liegt.

Heute werden wir allerdings nicht im Gemeinschaftsquartier, sprich: im Schlafsaal, nächtigen. Hier würde die Übernachtung, diesmal jedoch mit Frühstück, für uns beide zusammen 30 Euro kosten. Wir nutzen stattdessen das Zusatzangebot des privaten Trägers und haben uns bereits von Hamburg aus das beste Zimmer, ein Doppelzimmer mit eigenem Bad, für

45 Euro vorreserviert. Diese 7,50 Euro pro Person ist uns der zusätzliche Komfort wert.

Unser Zimmer liegt in der 2. Etage und ist Teil einer Wohnung: Küche und Wohnzimmer stehen allen Gästen hier zur Verfügung; dazu gibt es ein Doppelzimmer und ein 3-Bett-Zimmer, deren Bewohner sich das Badezimmer der Wohnung teilen, und schließlich unser Doppelzimmer, das sein eigenes Badezimmer hat. Während der Eingang zur Herberge von der Nebenstraße aus erfolgt, betreten wir das Haus direkt vom Camino aus.

Wir beziehen unser Zimmer, duschen ausgiebig und machen es uns erst einmal schön bequem.

Gegen 19:30 Uhr sind wir wieder auf den Beinen und erkunden Sigüeiro. Diese Kleinstadt mit ihren etwa 3.500 Einwohnern hat keine besonderen Sehenswürdigkeiten zu bieten und hatte bis 2014 nicht einmal Pilgerherbergen. Inzwischen gibt es von letzteren immerhin fünf, die allerdings nicht nur von den Pilgern des Camino Inglés genutzt werden, sondern vereinzelt auch von Pilgern, die vom überfüllten, nur wenige Kilometer entfernten Camino Francés hierhin ausweichen.

Wir folgen einigen interessant erscheinenden Hinweisschildern und gelangen flussaufwärts ins Tal des **Tambre**, über dem gerade der Vollmond steht.

Später erkunden wir noch den Ortskern der insgesamt wenig interessanten Stadt und kaufen kurz vor Ladenschluss des Supermarkts noch etwas Obst, Getränke und Schokolade.

Da das von uns ausgeguckte Restaurant, das laut Aushang um 19:30 Uhr öffnen sollte, um 20 Uhr immer noch dunkel und zu ist, müssen wir uns etwas anderes einfallen lassen. Schließlich werden wir im CHE 1 fündig. Das Essen ist gut, wenngleich nicht überragend, aber für insgesamt 17 Euro (für uns beide, einschließlich Wasser und Rotwein) werden wir rundherum satt.

Dank unseres Abendspaziergangs und Stadtrundgangs dürften wir am Ende doch noch auf 41-42 Kilometer Tagesdistanz gekommen sein.

Erkenntnis des Tages: Ein wenig Luxus am Ende eines langen schönen Weges ist eine feine Sache.

23. OKTOBER 2018
VON SIGÜEIRO NACH SANTIAGO DE COMPOSTELA

Dieser vierte Tag auf dem Camino Inglés beginnt mit denselben zwiespältigen Gefühlen, die uns bereits gestern befielen, als die Rest-Strecke nach Santiago die 20 Kilometer unterschritt: Einerseits freuen wir uns sehr, unseren ersten Camino in Kürze erfolgreich beenden zu können und unsere erste Compostela in den Händen halten zu dürfen. Andererseits haben wir das Pilgern auf dem Camino Inglés lieben und schätzen gelernt und empfinden es als sehr schade, dass diese schöne Zeit bereits fast zu Ende ist und uns übermorgen unser Hamburger Alltag wieder mit Beschlag belegen wird.

Aber das ist nun einmal nicht zu ändern, und so beschließen wir, den Rest unserer Pilgerreise so intensiv wie möglich in uns aufzunehmen und zu genießen.

Als wir frisch geduscht um 8:30 Uhr das Haus verlassen, um auf der anderen Gebäudeseite in der Herberge zu frühstücken, ist es noch dämmerig. Das Frühstück steht im hinteren Teil des großen Eingangsraums der Albergue auf einem etwa 3 x 3 Meter großen Tisch bereit: Hier gibt es Obst, diverse Marmeladen, Honig, Wurst und Käse, Maronen, Corn Flakes, verschiedene Brotsorten, Saft, Milch, Joghurt, abgepackte Croissants und vieles mehr. Direkt daneben stehen zwei Kaffeemaschinen (eine davon bereits mit frischem Kaffee, die andere vorbereitet, um nur noch angeschaltet zu werden), ein Wasserkocher und ein Toaster.

Heute frühstücken wir zu dritt. Eine ältere Argentinierin – wir schätzen sie beide auf Anfang bis Mitte 70 – sitzt neben mir. Sie spricht sehr gut Deutsch, und so kommen wir problemlos ins Gespräch. Mit ihr steigt die Anzahl unserer Mitpilger auf dem Camino Inglés nun auf zwölf.

Die zwei männlichen Gäste der Albergue, die grußlos und ignorant an uns vorbei zum Ausgang gehen, ignorieren wir ebenfalls und zählen sie nicht mit.

Ein Lieferwagen fährt vor, ein Mann sammelt ein halbes Dutzend Rollkoffer ein und verlädt sie in seinem Wagen. Offenbar handelt es sich hier um einen der Gepäcktransport-Services, von denen wir bislang nur gehört und gelesen haben. Es gibt sie also wirklich.

Nach mehreren Bechern Kaffee und einem reichlichen Frühstück, das uns fast bis zum Abend reichen wird, brechen wir vom Frühstückstisch auf und gehen wieder auf unser Zimmer. Hier packen wir schnell unsere Rucksäcke fertig, füllen unsere Getränkevorräte auf und gehen los. Bevor wir um kurz vor 10 Uhr die Straße und damit den Camino betreten, machen wir im großen Spiegel neben der Haustüre noch einige gemeinsame Selfies.

Den Wegsteinen nach zu folgen, haben wir heute bis zur Kathedrale in Santiago de Compostela kaum mehr als 16 Kilometer vor uns.

Wir überqueren im etwa 150 Meter entfernten Ortszentrum die N-550 und gleich danach den **Rio Tambre**, machen dann aber noch einen kurzen Abstecher nach links zur frisch renovierten Kirche Igrexa San Andrés, in der Hoffnung, sie offen zu finden und besichtigen zu können. Leider Fehlanzeige!

Wir wechseln erneut auf die rechte Straßenseite der N-550 und verlassen diese beim Wegstein „Km 15,479" nach rechts in einen schmalen Asphaltweg. Einen Kilometer später haben wir bei „Km 14,412" die Ortschaft **Vila de Marantes** erreicht. Unser Camino windet sich in dieser noch leicht hügeligen, aber sanft in Richtung unseres Ziels abfallenden Landschaft im Zick-Zack hin und her. Vor einem Haus entdecken wir neben einer Dattelpalme und einem Drachenbaum blühende Löwenmäulchen. Wir lassen die kaum als Orte erkennbaren Siedlungen **Marantes**, **Vilafernández** und **Cortos** hinter uns und erreichen beim Wegstein „Km 11,820" **La Meira**. Hier hängen in einem Garten Unmengen reifer Kiwis.

Was mich weiterhin begeistert, ist diese Vielzahl an Pflanzenarten direkt neben dem Weg

Nachdem wir die ganze Zeit nur in Hörweite der N-550 gegangen sind, erreichen wir diese kurz bei „Km 9,771" wieder, überqueren gemeinsam mit ihr einen kleinen Fluss und verlassen sie bereits nach gut 150 Metern erneut in eine abfallende, ruhige Nebenstraße. Auch hier liegt wieder jede Menge reifer Maronen auf dem Asphalt, und ich sammele im Vorbeigehen einige auf und fülle damit wieder meine Gürteltasche.

Rund 800 Meter weiter wenden wir uns noch mehr von der N-550 nach rechts ab, unterqueren eine Bahnlinie und haben den vorletzten teils sogar recht steilen Anstieg unseres Wegs vor uns. Im oberen Teil dieses Anstiegs – Christine hat sich gerade etwas zurückfallen lassen – begegne ich einer

Frau, die ihre Ziegenfamilie hütet. Die Mutterziege heißt Blanca. Während ich auf Christine warte, die rasch wieder aufschließt, habe ich meinen Spaß mit dem übermütigen Toben und Springen der beiden Zicklein.

an der Kirche Igrexa San Andrés

Ortschaft Vila de Marantes

Jenseits der Hügelkuppe knickt der Weg hinter einer Werkstatt beim Wegstein „Km 7,774" nach rechts ab, und wir erreichen einen

84

eindrucksvollen knorrigen Eichenwald. Beim Hotel Castro mit seiner gleichnamigen Café Bar verlassen wir kurz den Weg. Wir haben durchaus Lust auf einen schönen großen Café con Leche, doch das Ambiente der Café Bar ist so steril und ungemütlich, dass wir nur unsere Pilgerpässe stempeln lassen und gleich wieder weiterziehen.

Der Eichenwald wird immer geheimnisvoller und mystischer. Viele der knorrigen Eichenstämme sind dick mit Efeu bewachsen, und so heißt der Wald wohl auch nicht zu Unrecht „**Bosque Encantado**" (Zauberwald).

Bosque Encantado

Nach 500 Metern biegen wir an einer T-Kreuzung nach rechts in ein hübsches Tal mit einem Bach ab, von wo wir sodann unseren letzten Anstieg zum zugleich höchsten Punkt unserer heutigen Etappe erklimmen. Sechs Kilometer vor unserem Ziel verlassen wir die Natur endgültig und pilgern im städtischen Bereich Santiagos weiter.

Das Industriegebiet, das wir nun als Erstes durchqueren, ist zwar sehr betriebsam und verkehrsreich. Aber die spanischen Autofahrer sind sehr rücksichtsvoll, und die Wegzeichen sind trotz anders lautenden Warnungen in unseren beiden Pilgerführern problemlos und gut zu finden. So können wir es fix durchqueren und hinter uns lassen.

Zwischen der Industrie und der folgenden Wohnbebauung liegt links unseres Weges ein riesiger spanischer Friedhof, den wir staunend besichtigen.

unser letzter Anstieg

Wir folgen weiter – im Gewirr der nun fast ausschließlich bergab führenden innerstädtischen Straßen und Sträßchen – den Wegzeichen sowie den präzisen Angaben unserer Pilgerführer, überqueren dabei unter anderem an einer von uns per Knopfdruck aktivierten Fußgängerampel unsere „alte Bekannte", die N-550, und erreichen nach knapp einem Kilometer ein direkt am Camino liegendes McDonalds Restaurant.

Da wir beide Lust auf ein Eis haben, zögern wir nicht lange, treten ein und bestellen etwas mühsam auf einem spanischsprachigen Display ein McFlury für Christine und ein Sundae für mich. Als wir beim Abholen und Bezahlen unsere Pilgerpässe zum Stempeln vorlegen, lösen wir bei den Mitarbeiterinnen eine Mischung aus Überraschung, Irritation, Gelächter und Spaß aus.

Die Teamleiterin muss einen Moment suchen, aber dann haben wir unsere Stempel im Pilgerpass. Das Foto, dass ich von Christine mit ihrem Eis und daneben meinem Pilgerpass mit McDonald-Stempel schieße, wird später eins der meistbeachteten meiner Camino-Bilder bei facebook sein.

Später lerne ich, dass es auch Pilger gibt, die ihre Pilgerstempel vorrangig bei Friseuren, Weinhändlern, Tankstellen oder Auto-Händlern sammeln. Warum auch nicht? Es geht ja schließlich nur darum, mit seinen Stempeln den gepilgerten Weg zu verifizieren, und dazu sind Friseure, Wein- oder Auto-Händler sicher nicht schlechter geeignet als Cafés.

Nach dem Überqueren einer größeren Straße erreichen wir einen Kreisverkehr, auf dessen Grüninsel das überlebensgroße Pilgerdenkmal des Bildhauers José María Acuña steht, und folgen den Straßen A Pastoriza, Basquiños und Santa Clara bis zum gleichnamigen Kloster und Hotel. Als der Camino kurz hinter dem Hotel Santa Clara nach halbrechts in eine hübsche Straße abzweigt, verpassen wir diesen Abzweig zwar, können unseren Fehler aber gleich an der nächsten Kreuzung wieder korrigieren.

Im Zick-Zack der kleinen Gassen erreichen wir kurz vor 14:30 Uhr den Platz neben der Kathedrale, die **Praza do Obradoiro**, und damit das Ziel unseres Camino.

Wir sind glücklich und zufrieden, freuen uns einfach nur und genießen diese Gefühle mindestens eine Viertelstunde lang, bevor wir uns auf den Weg zum Pilgerbüro machen.

Dummerweise gehen wir aber zunächst zur alten, früheren Adresse und erst im zweiten Anlauf zur jetzigen, aktuellen in der **Rúa das Carretas 33**. Dort reihen wir uns in die Warteschlange ein und sind nach zwanzig Minuten dann auch an der Reihe.

Wir erhalten beide unsere Pilgerurkunde „**Compostela por motivos religiosos/spirituales**", die in ihrem lateinischen Text bestätigt, dass wir mindestens die letzten 100 Kilometer zu Fuß zur Kathedrale von Santiago de Compostela gepilgert sind, und lassen uns zudem (für 3 Euro) noch eine etwas größere querformatige „Compostela" als „**Certificado de distancia**" ausstellen, die uns bestätigt, dass wir den Camino Inglés am 20. Oktober 2018 in Ferrol begonnen und am heutigen 23. Oktober 2018 in Santiago erfolgreich beendet haben.

Kathedrale in Santiago de Compostela, unser Pilgerziel

Diese letztere Urkunde, die Raimund Joos nicht zu Unrecht „qualifiziertes Pilgerleistungszeugnis" nennt, wurde erst vor vier Jahren vom Pilgerbüro eingeführt, hat also – ebenso wie der Text der erstgenannten Compostela – keine überlieferte oder gar jahrhundertealte Tradition.

Über den christlichen Sinn und Zweck kann und darf man sicherlich diskutieren, und wir haben im Moment auch noch keine Idee, was wir mit unseren Compostelas anfangen werden, aber zunächst einmal haben wir sie uns verdient und wollen sie daher auch haben und nach Hause mitnehmen.

An der Kasse am Ausgang erstehen wir noch eine kleine Pappröhre, in der wir unsere zusammen vier Urkunden sicher nach Hamburg transportieren können, ehe wir uns kurz nach 15 Uhr auf den Weg zurück zur Kathedrale und von dort weiter zu unserem Hotel machen.

Als wir dieses schließlich erreichen, stellen wir fest, dass wir während unseres letzten Kilometers als Pilger genau hier vorhin vorbei gegangen sind.

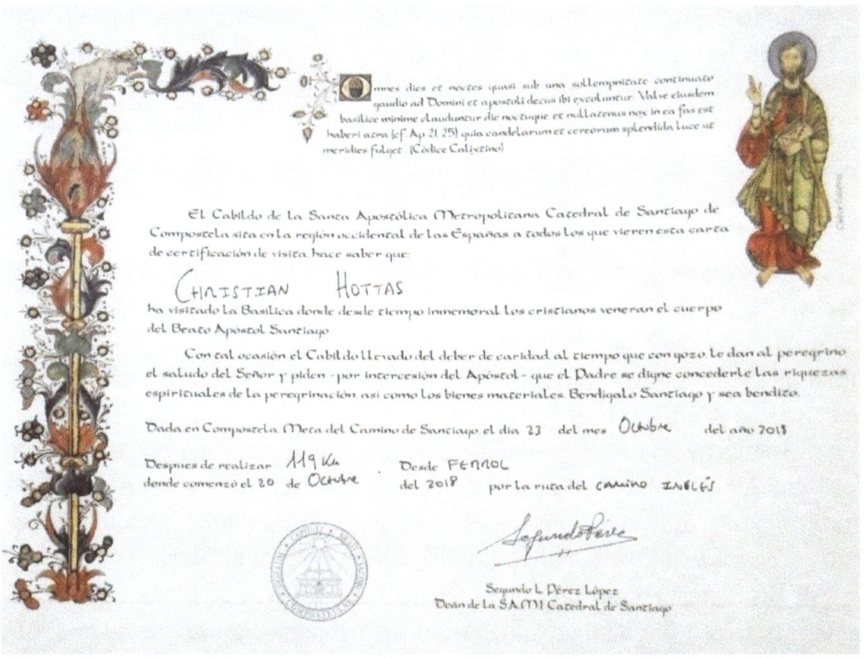

23. OKTOBER 2018
SANTIAGO DE COMPOSTELA

Das Einchecken im Hotel San Roque gerät trotz unserer bereits in Hamburg getätigten Buchung unerwartet zeitaufwendig. Dies liegt vor allem an der jungen Rezeptionistin, die zwar bemüht, aber wenig routiniert und recht umständlich ist.

Wie bei unserem ersten Quartier dieser kurzen Pilgerreise bekommen wir ein nettes kleines Zimmer mit Zimmernummer 14 und diesmal winzigem Balkon zur Straße hin. Und wie am Vortag in Sigüeiro duschen wir erst einmal und gönnen uns eine kurze Pause, ehe wir gegen 17 Uhr wieder in die Stadt aufbrechen.

Der direkte Weg zur Kathedrale beträgt gerade einmal 450 Meter. Wir wählen jedoch einen Umweg, gehen vom Hotel aus ein paar Treppen und die steile Straße Costa Vella hinunter zur Franziskuskirche und von dort über die Rúa do Val de Deus (die Parallelstraße zur Rúa das Carretas mit dem Pilgerbüro) zur Praxa do Obradoiro, dem Vorplatz der Kathedrale, der nun deutlich belebter ist als bei unserer ersten Ankunft hier.

Wir durchstreifen einige der umliegenden Gässchen, kaufen zwei kleine Jakobsweg-Kacheln – eine mit dem üblichen Wegzeichen, die andere mit der Aufschrift Camino Inglés – und finden nach etwas Suchen auch den korrekten Eingang in die Kathedrale.

Der Überlieferung nach steht die Kathedrale, die sowohl vom künstlerischen als auch vom symbolischen Wert her zu den bedeutendsten Kirchen Europas zählt, an der Stelle, an der im Jahr 811 das Grab des Apostels Jakobus (Santiago) wiederentdeckt wurde. Hier war 830 ein Vorgängerbau errichtet worden, an dessen Stelle ab dem Jahr 1075 die heutige Kirche trat. Ursprünglich war sie als romanische Kirche konzipiert, wurde dann aber in den folgenden Jahrhunderten im jeweiligen Baustil erweitert und verändert. Heute dominiert vor allem der Barock, der in der 1738 bis 1750 erbauten Fassade (Obradoiro) zu höchster Vollendung gelangte.

Der Besucherverkehr hier ist klar und fest geregelt:

Wir betreten die Kathedrale durch das romanische Platerías-Tor (Portico de las Platerías) auf der Südseite, das zum ältesten Teil der Kathedrale zählt und uns in das rechte Querschiff bringt. Der Ausgang indessen ist im nördlichen (linken) Querschiff, also zur Praza da Immaculata und zum Kloster San Martiño Pinario hin, das mit seinen 25.000 qm übrigens eines der größten Klöster Spaniens ist.

Wir besichtigen den Kircheninnenraum mit den beiden Querschiffen und dem Hauptschiff. Unter dem Hochaltar befindet sich eine Krypta, in der, der Überlieferung nach, die sterblichen Überreste Santiagos ruhen. Auf den in unseren Augen ungewöhnlichen Brauch, über einen Gang die über dem Hochaltar stehende Apostelfigur von hinten zu umarmen, verzichten wir indessen.

An der Rezeption unseres Hotels hatten wir von einem Abreißblock einen Plan der Innenstadt bzw. der Altstadt mitgenommen. Wir gehen nun wieder ins Zentrum und folgen der auf dem Plan markierten „roten Route, die sich kreuz und quer durch die Altstadt schlängelt. An ihr liegen zahlreiche alte und schöne Handels- und Herrenhäuser, Stadtpaläste, zwischendurch diverse kleine und große Kirchen und ein Priesterseminar. Auch an den Markthallen kommen wir vorbei. Es ist alles in allem eine außerordentlich schöne Erkundungstour.

Abendstimmung an der Praza do Obradoiro

Unter anderem erreichen wir auch die Plaza Cervantes, wo einerseits das Hostel „Ultimo Sello / The Last Stamp" ist und andererseits die Casa

Magnolo, ein Pilgerrestaurant mit einem sehr guten Preis-Leistungs-Verhältnis.

Die Casa Magnolo finden wir zunächst nicht, aber dafür nach einigem Suchen das Hostel, wo wir uns gerne einen – siehe den Namen des Hostels – letzten Stempel für unseres ersten Caminos geholt hätten. Dort ist aber gerade eine derart lange Warteschlange, dass wir diese Idee nach ein paar Minuten wieder verwerfen.

Stattdessen gehen wir wieder zurück zum Hotel, wo wir kurz nach 19 Uhr ankommen und uns nun wärmere Kleidung anziehen, da es nach dem Pilgergottesdienst, zu dem wir nun unterwegs sind, dunkel und kühl sein wird.

Wir suchen die Kathedrale also ein zweites Mal auf und finden zur Pilgermesse einen Platz im Querschiff, direkt am Eingang.

Die Messe ist, verglichen mit der Messe, die wir in Pontedeume besuchten, feierlicher. Es gibt weniger Gesang, dafür mehr Ansprache, wobei der Pilgerpastor, der diese Messe liest, eine sehr angenehme Stimme hat. Da er jedoch ausschließlich Spanisch spricht, verstehen wir halt von seinem Text nichts.

Gegen 20:15 Uhr ist die Pilgermesse zu Ende. Wir beschließen, nochmals in die Oberstadt zu gehen und die Casa Magnolo zu suchen. Da wir im Umfeld der Kathedrale diverse Straßen bereits auch in beiden Richtungen gegangen sind, finden wir rasch zur Plaza Cervantes.

Diesmal ist die Casa Magnolo, die seit 19:30 Uhr geöffnet ist, beleuchtet und nicht zu übersehen. Wir treten ein und bekommen innerhalb von zwei bis drei Minuten einen Zweiertisch zugewiesen.

Die Speisekarte beinhaltet ausschließlich Pilgermenüs für jeweils 10 Euro, wobei man sowohl beim ersten als auch beim zweiten Gang jeweils etwa zehn verschiedene Speisen zur Auswahl hat.

Wir entscheiden uns beide beim ersten Gang für eine galicische Kohlsuppe mit Fleischeinlage. Als Hauptgang wählt Christine Seezunge und meint, das werde sicher ein kleines Stückchen Fisch sein, weil Seezunge ja kein allzu billiger Fisch ist. Stattdessen bekommt sie einen riesigen Fisch.

Ich nehme Schnitzel Mailänder Art, was sich auch nicht viel von Wiener Art unterscheidet. Zu beiden Hauptgängen gehören übrigens Pommes und jeweils ein Salat.

Und dann gibt es plötzlich – ebenfalls innerhalb des Menüs – noch einen Nachtisch, wobei wir zwischen Eis und einem Stück Santiago-Torte wählen können. Wir entscheiden uns für letztere. Es ist eine Torte mit ganz viel Mandeln, sehr lecker und auch sehr sättigend.

Außerdem inbegriffen im 10-€-Menü ist übrigens eine große Flasche Wasser für uns beide zusammen. Christines zusätzlich bestelltes Glas Rotwein schlägt sich nur mit 1,50 € auf unserer Rechnung nieder, so dass wir für zusammen 21,50 € lecker, reichlich und gut gegessen haben.

Als wir das Restaurant verlassen, ist es bereits 21:30 Uhr und seit mehr als einer Stunde dunkel.

Die Abendstimmung gefällt uns sehr, und so bummeln wir nochmals entspannt durch die Altstadt bis zur Praza do Obradoiro, dem Platz neben der Kathedrale.

Kurz vor 22 Uhr sind wir dann wieder im Hotel und wenig später – frisch geduscht – in der Koje. Wir haben trotz unserer kurzen Tagesetappe an diesem Tag viel erlebt, zusätzlich ja auch einiges an Strecke in Santiago zurückgelegt und sind einfach müde und sehr zufrieden.

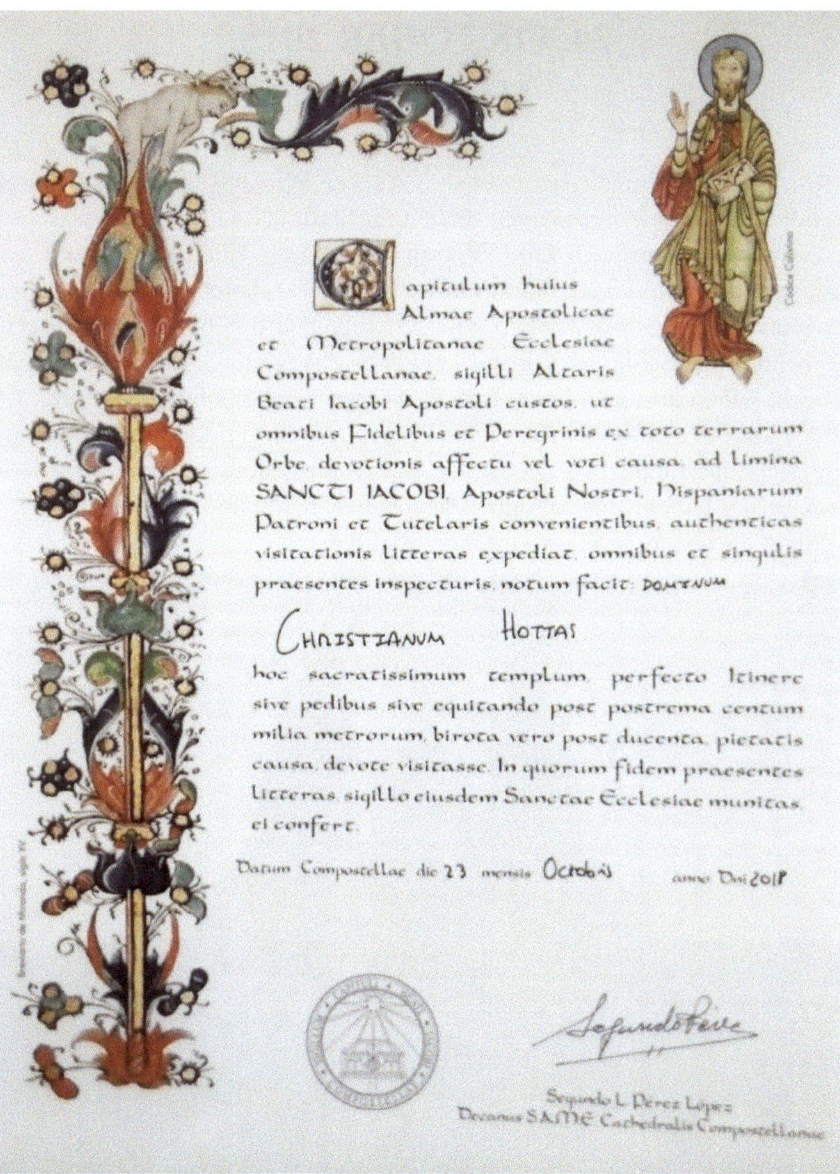
Capitulum huius
Almae Apostolicae
et Metropolitanae Ecclesiae
Compostellanae. sigilli Altaris
Beati Iacobi Apostoli custos. ut
omnibus Fidelibus et Peregrinis ex toto terrarum
Orbe. devotionis affectu vel voti causa. ad Limina
SANCTI IACOBI. Apostoli Nostri. Hispaniarum
Patroni et Tutelaris convenientibus. authenticas
visitationis litteras expediat. omnibus et singulis
praesentes inspecturis. notum facit: DOMINUM

CHRISTIANUM HOTTAS

hoc sacratissimum templum. perfecto Itinere
sive pedibus sive equitando post postrema centum
milia metrorum. birota vero post ducenta. pietatis
causa. devote visitasse. In quorum fidem praesentes
litteras. sigillo eiusdem Sanctae Ecclesiae munitas.
ei confert.

Datum Compostellae die 23 mensis Octobris   anno Dni 2018

Segundo L. Pérez López
Decanus SAMI Cathedralis Compostellanae

24. OKTOBER 2018
HEIMREISE

Um 7:30 Uhr klingeln heute unsere Wecker. Wir sind wir rasch auf und wollen noch einmal in die noch schlafende Stadt.

Weil es draußen noch kühl ist, tragen wir lange Kleidung, als wir die Treppe hinab zum Franziskanerkloster und direkt daneben in die Rúa das Carretas zum Pilgerbüro gehen. Vor dem Pilgerbüro stehen bereits die ersten zehn Pilger Schlange, vermutlich Pilger, die Santiago gestern erst spät erreicht haben und jetzt heute früh ihre Compostelas abholen wollen.

Wir kaufen uns an der Kasse des Pilgerbüros zwei neue Pilgerpässe sowie drei hübsche Sticker. Das hatten wir gestern nämlich versäumt. Diese *Credenciales* haben übrigens nur sechs Seiten für Stempel, also eine Seite weniger als unsere in Hamburg ausgestellten.

Mit einer kleinen Wegschleife zur Kathedrale gehen wir dann durch die Altstadt wieder zurück zum Hotel und dort direkt zum Frühstück.

Inzwischen ist an der Rezeption eine ältere Frau, die sich gleichzeitig auch um das Frühstück kümmert.

Der Frühstücksraum ist, was wir bereits am Vortag erkundet haben, klein. Es stehen dort nur fünf Tische. An einem davon sitzt eine ältere Frau, mit der wir rasch ins Gespräch kommen. Es ist eine Irin aus Dublin, die für zwei Wochen als Freiwillige in irgendeiner kirchlichen Einrichtung in Santiago volontiert und hier in diesem Hotel wohnt.

Zum Frühstück gibt es frischen Orangensaft, natürlich den gewohnten Cafe con Leche, ferner im Selbstbedienungsbereich kleine Croissants, geröstetes Brot, Käse und Serrano-Schinken (richtig lecker!), außerdem Corn Flakes (von denen wir keinen Gebrauch machen) und Santiago-Torte! Das ist natürlich richtig Klasse. Wir essen zu zweit etwa ein Drittel der Torte.

Und weil Christine die Bedienung nett nach dem Rezept fragt, bringt ihr diese nach knapp einer Viertelstunde das ausgedruckte Rezept. Was Christine besonders witzig findet, ist die Schlussbemerkung unter dem Rezept: „Costs low, energy hight!" Das entspricht durchaus auch unserer Einschätzung.

Kurz vor halb zehn holen unsere fertig gepackten Sachen aus dem Zimmer, checken aus und erreichen um 9:55 Uhr dann zu Fuß den Busbahnhof, die Estación des autobuses. Nachdem wir für je 3 € die Tickets gekauft haben, stellen wir an unserem Bussteig fest, dass der nächste Bus erst um 10:20 Uhr abfährt. Aber das ist für uns völlig okay.

Mit diesem Bus erreichen gegen 10:55 Uhr den Flughafen. An der Bushaltestelle und im Bus treffen wir noch diverse Mitpilger, darunter ein Pärchen mit bayerischem Dialekt. Die beiden stellten sich dann jedoch als Vater und Tochter heraus. Die Tochter ist ab Léon die letzten 300 km des Camino Francés gepilgert, und der Vater ist einfach ohne ihr Wissen nach Santiago geflogen, um sie abzuholen. Sie haben sich dann gemeinsam drei wunderschöne Tage hier in Santiago gegönnt und werden gleich um 12:30 h mit derselben Maschine wie wir nach München zurückfliegen.

Diesmal ist nämlich München unser Umsteigeflughafen, und nicht Frankfurt wie auf dem Hinweg.

Als wir dann zur die Sicherheitskontrolle gehen, müssen wir dort eine ganze Schulklasse mit bestimmt 30 Kindern vorlassen, die alle ihre Jacken vor uns einzeln in die Schalen legen, womit sich der Ablauf ziemlich hinzieht. Aber es ist sehr süß, die Kindergesichter dabei zu beobachten. Einige wirken todernst, andere verunsichert oder schüchtern. Ein Junge „muss" sich schnell noch mal hinter einer der erwachsenen Begleitpersonen verstecken, nachdem er seine Schale auf das Band gelegt hat.

Beim Durchleuchten meiner Sachen fällt dann – was mir gar nicht mehr bewusst war – mein in Ferrol gekauftes Küchenmesser mit seiner runden Klinge auf. Das geht natürlich nicht durch, sondern muss ich bei der Security lassen.

Insgesamt jedoch ist diese Sicherheitskontrolle, verglichen mit dem, was ich aus Deutschland oder England gewohnt bin, sehr entspannt und sehr einfach, aber durchaus ähnlich effektiv.

Anschließend bummeln wir noch ein wenig durch den Duty-free-Bereich, finden noch einen super-schönen, aber großformatigen und schweren Pilgerführer über 33 Etappen des Camino Francés plus 6 Etappen des alternativen Wegs über die Pyrenäen. Der kostet 20 € und wirkt durchaus ganz interessant, vor allem zur Vorbereitung, falls man diesen Weg einmal wirklich gehen will. Aber da wir den aktuell nicht auf dem Zettel haben, kaufen wir dieses Buch nicht.

Ich suche dann ein ruhiges Plätzchen zwischen Duty-free und Cafeteria, um meine Eindrücke auf Band zu diktieren, während Christine noch ein wenig weiter herumbummelt.

Wenig später steht unser Flieger an Gate 6 – hier waren wir auch eingetroffen – zum Boarding bereit. Es ist erneut ein Airbus A320-200 (214), diesmal mit der Kennung D-AIZA.

Um 12:30 Uhr hebt LH 1867 ab und bringt uns pünktlich um 15:05 Uhr nach München. Hier haben wir gute drei Stunden Aufenthalt, die wir jedoch wesentlich entspannter erleben als den Frankfurter Zwischenstopp auf dem Hinweg.

Auch Flug LH 2080 – planmäßiger Abflug in München um 18:15 Uhr, planmäßige Ankunft in Hamburg um 19:30 Uhr – wird mit einem Airbus A320-200 (214) ausgeführt, Kennung D-AIUR. Auf diesem Flug sehen wir einen prächtigen Sonnenuntergang. Er findet allerdings – ebenso wie der Sonnenaufgang beim ersten Flug dieser Reise – nicht auf unserer Seite statt.

RÜCKBLICK 2018 AUF DEN CAMINO INGLÉS UND PERSÖNLICHES FAZIT

Die Tage auf dem Camino Inglés, meinem ersten Pilgerweg nach unzähligen früheren Langstreckenläufen und -märschen, waren ein fantastisches und neues Erlebnis für mich. Und der Camino Inglés war für dieses erste Pilgererlebnis zugleich auch der perfekte Weg.

Natürlich wäre es nach diesen 119 Kilometern bzw. 3 ½ Tagen „Schnupperpilgern" vermessen zu sagen, ich weiß jetzt, wie „Pilgern" geht.

Pilgern ist eine sehr persönliche Angelegenheit, ganz gleich wie sehr man den spirituellen Hintergrund dieses und anderer Pilgerwege wahrnimmt und in sich aufnimmt. Dieser spirituelle Hintergrund ist es aber, der das Pilgern vom Wandern unterscheidet, die Pilgerwege von den Wanderwegen.

Pilgern ist zugleich aber auch sehr individuell und abhängig von der eigenen Fähigkeit, wie schnell und gut man abschalten und loslassen kann.

Jeder Pilger wird – der eine früher, der andere eben später – seinen eigenen Stil und Rhythmus finden müssen, in dem er seinen Weg geht und ihn am besten genießen kann. Bis ich diesen für mich wirklich gefunden und verinnerlicht haben werde, werde ich noch diverse Tage und Kilometer auf Pilgerwegen benötigen. Ich sehe mich dabei auf einem guten Weg, aber durchaus noch am Anfang dieses Weges.

Mir ist auch bewusst, dass mein persönlicher Rhythmus vor dem Hintergrund meines Trainingszustands aktuell noch größere Tagesumfänge erlaubt und beinhaltet als der Trainingszustand anderer Pilger. Dies mag sich in der Zukunft relativieren. Aber das ist nicht wichtig und spielt keine nennenswerte Rolle.

Wer den Camino Inglés in den zumeist empfohlenen sechs bis acht Tagesetappen geht, sieht und erlebt vielleicht mehr als jemand, der den Weg in vier Tagen geht. Und wer ihn ganz besonders genießen möchte und die Freizeit und Urlaubstage dazu hat, wird vielleicht sogar an besonders schönen Orten und Stellen noch extra verweilen und erst nach zehn oder 14 Tagen in Santiago ankommen.

Die Redewendung „Der Weg ist das Ziel." mag vielleicht überstrapaziert und abgedroschen sein, aber sie trifft durchaus zu.

PACKLISTE

Da man als Pilger seinen „Ranzen" tragen muss, sollte man sich diesen nicht zu schwer machen und sein Gepäck daher minimieren:

Kleidung:

Schuhe (gut eingelaufene Wander- oder Trail-Laufschuhe)
Regenschutz: Regenhose und Regenjacke, je nach Wetterlage und Distanz
  auch nur ein Folienponcho (65 Gramm, sicher ist sicher!)
Fleecejacke (je nach Jahreszeit)
2-4 Paar Socken zum Wechseln
ggfs. Kompressionskniestrümpfe
1-2 Garnituren Unterwäsche zum Wechseln
1-2 T-Shirts zum Wechseln
kurze Wanderhose
langärmliges Funktionsshirt (für abends)
Schirmmütze
Handtuch

Ausrüstung:

Sonnenbrille (diese hatte ich vergessen mitzunehmen)
Stirnlampe mit Ersatzbatterien
Handy (voll aufgeladen) mit Ladekabel
ggfs. Powerbank
ggfs. Digital-Kamera mit 1-2 geladenen Reserveakkus und Ladegerät
Gürtel mit Flaschenhalter für 0,75-l-PET-Flasche
Dokumenten-Brustbeutel für Wanderkarte
Kulturtasche (Haarbürste, Zahnbürste, Miniportionen Zahnpasta, Shampoo – alles in kleinen „Reisegrößen")

Sonstiges:

Personalausweis
EC-Karte etc.
Bargeld
Pilgerausweis, Streckenkarte, Informationsbüchlein
Medikamente, Pflaster, Sonnen- und Insektenschutzmittel

Melkfett

Dieser 2008 gekaufte nur 600 Gramm schwere 30-Liter-Rucksack von Salomon hat mich bis Ende 2023 bereits rund 3.500 Pilger-Kilometer begleitet.

Ohne die Tagesverpflegung (Kaubonbons, 1-2 belegte Brötchen) sind dies etwa 5-6 Kilogramm. Mit den Getränken (etwa 1,5 Liter) und der Tages-Verpflegung sollten es nicht mehr als 8-10 Kilogramm werden.

Literatur hierzu: Trekking ultraleicht von Stefan Dapprich, Conrad Stein Verlag, Basiswissen für draußen, ISBN 978-3-86686-285-2, € 9,90

in Santiago de Compostela

PHYSISCHE VORBEREITUNG & MEDIZI-NISCHE TIPPS

Es ist nicht zwingend nötig, seinen Jakobsweg völlig austrainiert zu beginnen. Eine gewisse Vorbereitung und Fitness „hat jedoch ihren Charme" und sollte daher vorhanden sein.

Diese Vorbereitung soll dazu dienen, sowohl das Herz-Kreislauf-System, die Beine (Muskeln und Gelenke), den Rücken und vor allem die Füße so weit aufzubauen und zu kräftigen, dass der Pilger nicht gleich auf den allerersten Tagen seinen Weg abbrechen muss.

Wer gut vorbereitet und fit ist und während seiner ersten Tage auf dem Camino nicht gleich heftig überzieht, sondern mit vorsichtigen Etappen beginnt, hat ganz sicher mehr vom Pilgern.

1. orthopädischer Themenbereich:

Während sich das Herz-Kreislauf-System, der Stoffwechsel und die Muskulatur verhältnismäßig zügig auftrainieren lassen und an Leistung gewinnen, muss bei der Vorbereitung des Bewegungsapparates mehr Vorlaufzeit eingeplant werden.

Dies betrifft vor allem die „passiven" Teile unseres Bewegungsapparats, also die, die von der „aktiven" Muskulatur bewegt werden: Sehnen, Bänder und Gelenke. Diese benötigen wesentlich mehr Zeit zur Kräftigung und Steigerung ihrer Leistung und Belastungstoleranz. Steigert man seine Umfänge oder seine Belastungsintensität zu schnell, so wird man hier leicht schmerzhafte Überlastungen provozieren. Diese können einfach nur unangenehm sein und über Nacht auch spontan wieder verschwinden. Sie können aber auch so gravierend sein, dass sie Pausentage oder gar den Abbruch der Pilgerreise erzwingen.

Insofern ist es sehr sinnvoll (und auch ehrlich zu sich selbst), wenn man sich „dort abholt, wo man ist," und nicht dort ansetzen will, wo man vor langer Zeit einmal leistungsmäßig war.

Eine rechtzeitige Vorbereitung beginnt zum Beispiel mit längeren, vor allem aber möglichst regelmäßigen und häufigen Fußwegen. Diese werden dann peu á peu auf Wanderungen von 5-10 Kilometern, später bis auf die Umfänge der geplanten Tagesetappen ausgedehnt.

Das Tempo, also die Belastungsintensität, ist dabei zunächst weniger wichtig als die Distanz oder die Dauer der körperlichen Belastung.

Wann immer man die Belastung dann steigert, sei es durch zügigere Geschwindigkeit oder irgendwann durch Mitnahme seines Gepäcks, sollte man während der nächsten Vorbereitungseinheiten zunächst seine Distanz um 25-30 Prozent reduzieren und erst nach und nach wieder zu seinen gewohnten Streckenlängen zurückkehren.

Einige Wochen mit Wanderungen im Umfang der später geplanten Tageskilometer helfen dem Pilger nicht nur, seine Reiseeinteilung realistischer zu planen, sondern erlauben auch dem Bewegungsapparat und den Fußsohlen, sich auf die anstehenden Belastungen vorzubereiten.

Eine entsprechende Ausstattung der Reiseapotheke mit antiphlogistischen (schmerzlindernden, abschwellenden und antientzündlichen) Präparaten wie Diclofenac, Piroxicam, Meloxicam oder einem Coxib sollte vor dem Reisebeginn mit dem Hausarzt besprochen werden.

2. dermatologischer Themenbereich:

Bei der Vorbereitung sollte man gleichzeitig auch seinen Füßen Gelegenheit geben, sich peu a peu an die Belastungsdauer und Distanzen zu gewöhnen. **Blasen** an den Füßen beruhen schließlich – neben Druckstellen durch falsches, schlechtsitzendes Schuhwerk oder Falten bei den Socken – auf zu empfindlicher Haut der Fußsohlen und Zehen.

Da (auch Schweiß-)nasse Haut signifikant schneller Blasen entwickelt als trockene, hilft es zudem alle potentiell Blasen-gefährdeten Hautareale vor dem Start großzügig mit Melkfett einzureiben. Das Fett hält die Haut geschmeidig und verhindert Rissbildung. Vor allem aber: Wo Fett ist, dringt keine Nässe ein! Dies reduziert auch das Fußpilz-Risiko.

Typische Lokalisationen für Blasen sind die Fersen (dorsal bzw. plantar) und die Zehen. Aber bei zu großen Schuhen oder zu lockerer Schnürung, wenn also der Fuß im Schuh zu viel Bewegungsfreiheit hat, kann auch mehr oder weniger die gesamte Fußsohle betroffen sein.

Intakte, noch geschlossene Blasen sollte man so lange wie möglich auch intakt lassen. Damit bleibt die sich bildende neue Haut auf den Grund der Blase steril und vor Infektionen geschützt. Ist dies nicht möglich, weil die Blase zu sehr schmerzt, so sollte man nicht warten, bis sie „irgendwann" (meist nach 20 oder mehr Kilometern) von alleine platzt, sondern man sollte sie fachgerecht eröffnen und entlasten.

Zum Eröffnen einer Blase sollte man nie senkrecht zur Oberfläche stechen, weil sich ein solcher Stichkanal zu leicht bei Druck von außen aufspreizt und als Eintrittspforte für Bakterien oder Pilze dienen kann. Die Stichführung sollte vielmehr parallel zur Hautoberfläche – gern auch ganz durch die Blase hindurch – erfolgen. Bei einer solchen Punktionsweise kann sich die Blase dann auf Druck genauso gut entleeren, während der Stichkanal ansonsten zusammengedrückt wird und ein Eindringen von Infektionskeimen vermieden wird.

Natürlich sollte die Punktion am besten mit einer nicht zu großen medizinischen Kanüle (Injektionsnadel) erfolgen, aber da die meisten Pilger eine solche kaum zur Hand haben werden, kann auch eine mit Alkohol oder Hitze (Feuer) steril gemachte sonstige Nadel Verwendung finden.

Die hier und da zu findende Empfehlung, durch die eröffnete Blase einen Faden zu ziehen, ist Unsinn, weil sie eine regelrechte Einladung für Infektionskeime darstellt.

Blasenpflaster (Compeed u. a.) dagegen können hilfreich sein, um aufgescheuerte oder anderweitig eröffnete Blasen zu schützen und abzupolstern. Man sollte sie jedoch spätestens alle 48 Stunden wechseln, um die Blase bzw. ihren Heilungsverlauf zu kontrollieren. Auf deutlich entzündeten Stellen dagegen sind solche abdeckenden Pflaster dagegen kontraindiziert und gefährlich.

Eine simple Strategie zur Entlastung kleinerer oder noch intakter Blasen bieten auch Abschmink-Pads aus Watte: Man faltet diese einmal kreuz und quer, schneidet aus diesem Viertelkreis den „Kern" heraus und erhält so einen Wattering, den man um die blase herumlegt und mit Pflasterstreifen fixiert. Auf diese Art kann man den Druck auf die Blasen erheblich bis vollständig entlasten.

Ein weiteres dermatologisches Fußproblem, vor allem bei Schuhen aus synthetischem Material, kann **Fußpilz** sein. Dieser ist nicht nur durch seinen typischen Geruch unangenehm, sondern kann auch sehr schmerzhaft werden, wenn sich die infizierten Hautpartien zu sehr und zu schnell wundscheuern oder sich dort vermehrt und massiv Blasen bilden.

Zur Prophylaxe bzw. Therapie bieten sich hier (frei käufliche) Salben mit dem Wirkstoff Clotrimazol an, mit denen man seine Füße morgens vor

106

dem Start eincremen kann. Alternativ hat es sich auch bewährt, mehrere kurze Salbenstränge auf die Innensohle der Schuhe aufzutragen, womit man zeitgleich Füße, Socken und Schuhe wieder pilzfrei bekommen kann. Allerdings ist der Salbenverbrauch bei letzterem Vorgehen deutlich höher.

Da die Sonnenintensität auf der iberischen Halbinsel bzw. allgemein im Süden Europas – vor allem auch im Frühjahr und Herbst – deutlich höher ist als bei uns in Norddeutschland, ist ein ausreichender **Sonnenschutz** (mindestens mit Schutzfaktor 20, besser mehr) essentiell. Sonnenbrände sind nicht nur unangenehm, sondern mindern auch das subjektive Befinden und die objektive Leistungsfähigkeit und können zudem den Elektrolytverlust steigern.

Bei leichten bis mäßigen Sonnenbränden mit noch intakter Haut (nicht aber beim Vorhandensein frischer Blasen) sind Diclofenac- oder Ibuprofen-haltige Salben, Cremes oder Lotions sehr hilfreich. Gels, auch mit den genannten Wirkstoffen, dagegen trocknen die geschädigte Haut zusätzlich aus und sollten keine Anwendung finden.

3. internistischer Themenbereich:

Da unsere Pilgerleistung von unserem Kreislauf- und unserem Energiestatus abhängig ist, sollte auch diesen Bereichen eine besondere Sorge und Vorsorge des Pilgers gewidmet sein.

Leistungsverluste von einfachen Durchhängern bis – im Extremfall – hin zu schweren Akutproblemen basieren in den meisten Fällen entweder auf Flüssigkeitsmangel, Salzmangel oder Unterzuckerung bzw. beliebigen Kombinationen dieser drei.

Flüssigkeitsmangel: Die während des Tages zugeführte Flüssigkeitsmenge sollte – am besten kontinuierlich – unseren Volumenverbrauch kompensieren und darüber hinaus ausreichend Volumen für eine normale Nierenfunktion bereitstellen. Hauptursache für Volumenverluste ist die von Außentemperatur, Kleidung und Belastungsintensität abhängige Schweißmenge. Bei kaltem oder trockenem Klima können darüber hinaus Verluste durch die Anfeuchtung unserer Einatemluft relevant werden.

Der Volumenbedarf liegt üblicherweise bei körperlichen Belastungen bei 3-5 Liter pro Tag, kann in Extremfällen bei Hitze aber auch deutlich größer sein. Dann jedoch sollte man nicht nur Wasser trinken, sondern zugleich auch seinen Elektrolytbedarf bedienen.

Volumenmangel führt zu verringerter Herzfüllung, verringertem Schlagvolumen des Herzens und dadurch zum Absinken des Blutdrucks. Die Folge ist eine schlechtere Durchblutung von Muskeln, Gehirn und Organen mit entsprechenden Funktions- und Leistungsdefiziten der weniger durchbluteten Regionen.

Erstes Symptom eines Volumenmangels ist eine verringerte Flüssigkeitsausscheidung, d.h. eine nachlassende Urinproduktion (bis gegen Null) bei gleichzeitiger Zunahme der Urinkonzentration.

Danach können Schwindel, aber auch Übelkeit und allgemeine Schwäche auftreten.

Wichtigste Gegenmaßnahme – zur Vermeidung wie zur Behandlung – ist eine ausreichende Zufuhr von Flüssigkeit.

Salzmangel: Der Salzmangel – konkret: der Natriummangel – basiert in der Regel auf zu hohen Salzverlusten beim Schwitzen. Insbesondere im Frühjahr und Frühsommer, wenn der Schweiß meist deutlich salziger ist als zum Ende der heißen Jahreszeit, kann dieser bei langen und schweißtreibenden Belastungen auftreten. Kochsalzarme Ernährung ist natürlich ein weiterer begünstigender Faktor.

Die bei Hyponatriämie (Natriummangel im Blut) auftretenden Symptome sind dieselben wie beim Volumenmangel: Leistungsverlust, Übelkeit und Schwindel.

Da unser Körper aber adäquate Elektrolytkonzentrationen in seinem Zellmilieu unbedingt aufrechterhalten will und muss, wird er absinkende Natrium-Konzentrationen über renale Wasserausscheidung kompensieren. Zusätzlich zum Salzdefizit entsteht also sekundär ein Volumendefizit.

Ohne Salzzufuhr wird nun aber jedes getrunkene Volumen sofort wieder über die Nieren ausgeschieden (der Urin ist dann also hell) und wird es nicht gelingen, die getrunkene Flüssigkeit im Körper zu behalten.

Einzige wirksame Gegenmaßnahme ist daher eine ausreichende Kochsalz-Zufuhr, zum Beispiel in Form von Salztabletten. Diese sollte man unbedingt über den Tag verteilt einnehmen, was in unserem Fall auf dem Camino Inglés (bei 23-27 °C) bedeutete, dass wir morgens, mittags und abends jeweils zwei kleine Salztabletten zu uns nahmen. Aber auch gesalzene Chips oder Salzstangen etc. sind hier mitunter eine gute Option.

Unterzuckerung (Hypoglykämie): Im Ruhezustand und bei nur leichten Belastungen bezieht unser Körper den größten Teil seiner benötigten

Energie aus dem Fettstoffwechsel. Lediglich unser Nervensystem benötigt stets Kohlehydrate, ist also ständig im Zuckerstoffwechsel. Bei höheren Belastungsintensitäten gewinnen jedoch auch unsere Muskeln einen zunehmend größeren Anteil ihrer Energie aus den Kohlehydraten. So lange wir dem Körper vor oder während der Belastung ausreichend Glukose (Zucker) anbieten, ist dies kein Problem. Kann jedoch der Verbrauch nicht mehr durch Zufuhr von außen gedeckt werden und sind zudem auch noch die Zucker-/Glykogen-Speicher in der Leber und der Muskulatur erschöpft, so sinkt die Blutzuckerkonzentration zu sehr ab.

Gängige Symptome einer Unterzuckerung sind neben Leistungsverlust Schwäche, Gangunsicherheit, Koordinationsstörungen und Benommenheit, Apathie, aber auch Übelkeit und Schwindel.

Die Gegenmaßnahme einer solchen Unterzuckerung ist natürlich einzig und alleine die sofortige Zuckerzufuhr, zum Beispiel mittels Traubenzucker, Cola, Fruchtsaft oder ähnlichem.

Ist man sich unterwegs nicht sicher, welches Problem vorliegt, so ist es niemals falsch, Flüssigkeit, Salz und Zucker gleichzeitig zuzuführen. Dies kann mit Cola (Volumen und Zucker) und Salzstangen erfolgen, aber auch mit jedem anderen Getränk plus Salztabletten plus Traubenzucker. Nach einer Pause von wenigen Minuten sollte es einem dann wieder besser gehen.

UNSERE ETAPPEN IN DER ÜBERSICHT

Anreise per Flugzeug Hamburg – Frankfurt – Santiago de Compostela, per Bus nach Ferrol (Übernachtung im Hostal Zahara)

Tag 1: Ferrol – Neda – Feme – Pontedeume – ca. 31 km (Übernachtung in der öffentlichen galicischen Pilgerherberge)

Tag 2: Pontedeume – Miño – Betanzos – Presedo – ca. 33 km (Übernachtung in der öffentlichen galicischen Pilgerherberge)

Tag 3: Presedo – Hospital de Bruma – Sigüeiro – ca. 37 km (Übernachtung in der privaten Pilgerherberge Albergue Camiño Real direkt am Jakobsweg)

Tag 4: Sigüeiro – Santiago de Compostela – ca. 17 km (Übernachtung im Hotel San Roque)

Rückreise per Flugzeug Santiago de Compostela – München – Hamburg

private Pilgerherberge Albergue Camiño Real in Sigüeiro

ÜBLICHE ETAPPEN IN DER ÜBERSICHT

Tag 1: Ferrol – Xubia (Neda) – ca. 13-14 km (öffentliche galicische Pilgerherberge)

Tag 2: Xubia – Neda – Feme – Pontedeume – ca. 17 km (öffentliche galicische Pilgerherberge)

Tag 3: Pontedeume – Miño– ca. 10 km (öffentliche galicische Pilgerherberge)

Tag 4: Miño – Betanzos – ca. 11 km (öffentliche galicische Pilgerherberge)

Tag 5: Betanzos – Presedo – ca. 12 km (öffentliche galicische Pilgerherberge)

Tag 6: Presedo – Hospital de Bruma – ca. 13 km (öffentliche galicische Pilgerherberge)

Tag 7: Hospital de Bruma – Sigüeiro – ca. 24 km (vier private Pilgerherbergen)

Tag 8: Sigüeiro – Santiago de Compostela – ca. 17 km

Vorratsspeicher im Umfeld der Cafe Bar Uzal

HERBERGSREGELN DER ÖFFENTLICHEN GALICISCHEN PILGERHERBERGEN

Belegung:
Bei der Belegung der Herbergen wird nach folgenden Prioritäten verfahren:
1. körperlich behinderte Pilger
2. Pilger zu Fuß
3. Pilger zu Pferd
4. Pilger auf dem Fahrrad
5. Personen mit Handwagen.
Die Plätze werden bei der Ankunft der Pilger in den Herbergen belegt, sie werden keinesfalls reserviert.

Inanspruchnahme und Benutzung:
Die Inanspruchnahme zur Übernachtung und/oder Benutzung einer ihrer Dienstleistungen und Anlagen kostet 6 EUR pro Person und Tag; der Leiter der Herberge stellt bei der Zahlung eine Quittung aus.

Verhaltensregeln:
6. Man darf weder Wasser noch Strom verschwenden.
7. Zum Trocknen der Kleidung werden ausschließlich die Wäscheleinen benutzt.
Bei Nichteinhaltung der oben angegebenen Pflichten oder einem Verhalten, das den Betrieb der Herbergen stört, sind ihre Leiter berechtigt, die Zuwiderhandelnden zum Verlassen der Herbergen aufzufordern und ihnen die Benutzung anderer Herbergen des Netzes zu verbieten.

Dienstleistungen:
* Etagenbett und Einweg-Bettwäsche
* Benutzung der Küche (ohne Hausrat)
* Dusche (mit Heißwasser)

(aus einem Flyer der *Xunta de Galicia*, 2018)

NÜTZLICHE LITERATUR & LINKS

praktische Informationen: www.xacobeo.es

Asociación Gallega de Amigos des Camino de Santiago: www.amigosdelcamino.com

Informationen der Katholischen Kirche: www.peregrinossantiago.com

Gronze (beste Spanische Internet-Seite zu allen Jakobswegen): www.gronze.com

Raimund Joos: Camino Inglés (Outdoor Pilgerführer), Conrad Stein Verlag, 2. überarbeitete Auflage Mai 2018 / 3. überarbeitete Auflage Mai 2021 / 4. Überarbeitete Auflage 27. Februar 2023

Andrea Ilchmann: Camino Inglés für Bauchfüßler (Bauchfüßler Pilgerführer), Eigenverlag

Rod Hutzen: Camino Inglés / Der Englische Weg. Von Ferrol nach Santiago de Compostela, Pero Negro Editions, Kompaktausgabe, Hutzen & Partner Verlag, Schweiz

am Empfang der privaten Pilgerherberge Albergue Camiño Real in Sigüeiro

NACHTRAG VON 2022 ZU HUNDE-FREUNDLICHEN QUARTIEREN

Da wir ja seit dem 1. Mai 2021 Zuwachs bekommen haben und seither stets gemeinsam mit Kito, einem inzwischen dreijährigen Pinscher-Mix-Rüden, unterwegs sind, habe ich auch einmal nachgeschaut, wie das Angebot Hunde-freundlicher Quartiere auf dem Camino Inglés aussieht. Diese Recherche erhebt natürlich keinen Anspruch auf Vollständigkeit. Sie soll lediglich exemplarisch aufzeigen, dass es (mit Stand vom August 2022; die aktuellen Preise und Verfügbarkeiten muss man eh kurzfristig aktualisieren) durchaus möglich ist, diesen Weg auch mit Hund zu pilgern.

Ferrol: Hotel Silva, Rio Castro 42-44, 15404 Ferrol, über booking.com DZ 44 €, Hund ohne Aufpreis

Pontedeume: Hotel Eumesa, Avda. de la Coruña S/n, 15600 Pontedeume, über booking.com DZ 54 €, Hund erlaubt, Aufpreis???

Pontedeume: A falúa, Rúa Ferreiro No 25, 15600 Pontedeume, über booking.com DZ 69 €, Hund ohne Aufpreis

Pontedeume: Hotel Camino do Eume, Calle Pescaderia 48, 15600 Pontedeume, über booking.com DM 75 €, Hunde ohne Aufpreis

Puentedeume: Pension Meson Paz, Campolongo, 92 Pontedeume, 15614 Puentedeume, über booking.com DZ 37 €, Hund erlaubt, Aufpreis???

Betanzos: La Casona de Betanzos, Lugar de Queiris 60, 15316 Betanzos, liegt abseits des Camino, über booking.com DZ 49 €, Hund ohne Aufpreis

Mesón Do Vento (westlich von Bruma): Hotel Canaima, Rúa Santiago Apostol 67, 15689 O Mesón Do Vento, über booking.com DZ 70 €, Hund erlaubt, Aufpreis???

Sigüeiro: apartamento chousa, 5 Ruá da Chousa, 15888 Sigüeiro, über booking.com Ferienwohnung für 141 €, Hund erlaubt, Aufpreis???

Am Ortsausgang Sigüeiros, direkt am Camino Inglés: A barciela (camino inglés), Lg. Sigüeiro Numero 9 – 2 – B (A Barciela), 15884 Santiago de Compostela, über booking.com DZ bzw. FeWo 65 €, Hund erlaubt, Aufpreis???

Santiago de Compostela: Casa Nacho, Praza de Àlvaro Cunqueiro No 3, 15705 Santiago de Compostela, über booking.com DZ 35 €, Hund ohne Aufpreis, offenbar sehr einfache Unterkunft

Santiago de Compostela: A Fonte de Compostela, Rúa de Estocolmo 172 Bajo, 15707 Santiago de Compostela, über booking.com DZ 40 €, Hund erlaubt, Aufpreis???, Hostel mit spartanischen DZ

Santiago de Compostela: Hostal Forest, Rúa de Abril 7, 15704 Santiago de Compostela, über booking.com DZ 45 €, Hund erlaubt, Aufpreis???, offenbar sehr einfache Unterkunft, dafür sehr zentral

Santiago de Compostela: Loop INN Hotel Santiago de Compostela, Tras Santa Clara s/n, 15704 Santiago de Compostela, über booking.com DZ inkl. Frühstück 86 €, Hund + 10 € (einmalig pro Aufenthalt)

Stand: August 2022

in Santiago de Compostela

ÜBER DEN AUTOR

Christian Hottas, Jahrgang 1956, lebt seit 1979 in Hamburg, wo er seit 1993 als Facharzt für Allgemeinmedizin mit den Zusatzschwerpunkten Sportmedizin, Chirotherapie und reisemedizinische Beratung niedergelassen ist. Während seiner Sportmedizin-Weiterbildung lief er im April 1987 in Hamburg seinen ersten Marathon und im Juli 1987 in Karlsruhe seinen ersten Ultramarathon.

Im August 2005 absolvierte er seinen 1000. Lauf über mindestens Marathondistanz, im Mai 2013 seinen 2000. und im Juni 2021 dann seinen 3000. derartigen Lauf. Seit August 2011 führt er die „*World Megamarathon Rankings*" (Weltrangliste der Marathon-Vielfach-Finisher) mit inzwischen großem Vorsprung an.

Zum Pilgern kam er erst im Herbst 2018, als er mit seiner heutigen Lebensgefährtin Christine Schroeder seinen ersten Jakobsweg, den *Camino Inglés*, ging.

Zunächst pandemiebedingt, konzentrierte sich sein Pilgerinteresse seit 2020 auf deutsche Pilgerwege, wobei ihn insbesondere weniger bekannte Strecken faszinieren. Seit Sommer 2021 ist auch Familienhund Kito (Pinscher-Mix, Jahrgang 2019) mit Begeisterung dabei.

Seither hat es für Christian auch keinen Pilgertag ohne Kito gegeben. Kito ist Pilger durch und durch und Christians zuverlässiger Begleiter und Beschützer. So kompliziert Pilgern mit Hund anfangs schien, so sehr ist jetzt, da Kito und seine Menschen immer besser aufeinander eingespielt sind, Pilgern <u>ohne</u> Hund beinahe undenkbar.

Derzeit sind <u>alle drei</u> – Christian, Christine und Kito – als Jakobspilger von ihrem Zuhause in Hamburg nach Santiago de Compostela unterwegs. Bremen und Wildeshausen (Herbst 2021), Osnabrück, Münster, Herdecke (Frühjahr 2022), Köln und Trier (Herbst 2022) sowie Vézelay (Herbst 2023) haben sie bereits erreicht und damit etwa die erste Hälfte dieses Projekts gemeistert. 2024 werden alle drei auf der Via Lemovicensis und 2025 auf dem Camino Francés unterwegs sein.

Kito und Christian sind zudem noch <u>zu zweit</u> auf einer anderen Route von Hamburg nach Aachen unterwegs und haben dabei über Soltau, Mariensee, Loccum und Minden bis März 2023 Bielefeld erreicht. Von hier soll es 2024 weitergehen.

Auf der VIA ROMEA GERMANICA, einem Pilgerweg von Stade nach
Rom, der dem Rückweg-Route einer Dienstreise des Stader Abtes Albert
1236/37 folgt, sind beide im Frühjahr und Frühsommer 2023 von Stade bis
nach Nordhausen gegangen.

WEITERE
PILGER-ERLEBNISBERICHTE

Camino Inglés – Schnupper-Pilgern von Ferrol nach Santiago de Compostela (gegangen 2018, Band 1, erschienen Herbst 2023)

Hümmlinger Pilgerweg – Von Stein zu Stein Pilgern im Emsland (gegangen 2020, Band 2, noch in Vorbereitung)

Sigwardsweg – Pilgern von Minden nach Idensen und zurück (gegangen 2020, Band 3, noch in Vorbereitung)

Mittelalterlicher Pilgerweg von Berlin nach Wilsnack – Pilgern mit Hund in Brandenburg (gegangen 2021, Band 4, erschienen Herbst 2023)

Annenpfad – Kurz-Pilgern in der Prignitz (gegangen 2021 & 2022, Band 5, erschienen Herbst 2023)

Jacobusweg Lüneburger Heide von Hamburg & von Lüneburg nach Kloster Mariensee – Jakobspilgern mit Hund und 9-Euro-Ticket (gegangen 2022, Band 6, erscheint Ende 2023)

Dithmarscher Jakobsweg – Pilgern mit Hund auf der Westküstenroute der Via Jutlandica (gegangen 2022, Band 7, erschienen Herbst 2023)

Jakobspilgern mit Hund von Hamburg nach Santiago de Compostela – Teil 1: von Hamburg bis nach Trier auf der Via Baltica, dem Osnabrücker und dem Bergischen Jakobsweg sowie der Via Coloniensis (gegangen 2021-2022, Band 8, noch in Vorbereitung)

Pilgern mit Hund von Hamburg nach Aachen (gegangen 2022-2024, Band 9, noch in Vorbereitung)

Via Romea Germanica – Rom-Pilgern mit Hund, Teil 1: von Stade nach Nordhausen (gegangen 2023, Band 10, erscheint Ende 2023)

Jakobspilgern mit Hund von Hamburg nach Santiago de Compostela – Teil 2: von Trier nach Vézelay (gegangen 2023, Band 11, erscheint Ende 2023)

ENTSTEHUNGSGESCHICHTE DIESES BUCHES

Inzwischen sind fast fünf Jahre vergangen, seit uns der Camino Inglés die Welt des Pilgerns erschlossen hat und ich mit der Niederschrift unserer Pilgererlebnisse begann.

Den Teil bis zu unserem Eintreffen in der Kathedrale zu Santiago konnte ich noch in den ersten Wochen danach erstellen, aber ab Ende 2018 verhinderten ein anstehender Praxisumzug und der nachfolgende Alltag in meiner Arztpraxis, ab 2020 auch Pandemie-bedingte Gründe eine Fertigstellung dieses Berichts. Vor allem die Niederschrift meiner umfangreichen diktierten Sprachnotizen zog sich immer wieder hin…

Erst nach diversen deutschen Pilgerreisen – im Sommer 2020 auf dem Hümmlinger Weg, im Herbst 2020 auf dem Sigwardsweg, im Sommer 2021 auf dem Wilsnacker Weg und im Herbst 2021 auf dem Annenpfad – wandten wir uns im Oktober 2021 wieder einem Jakobsweg-Pilgerprojekt zu. Inzwischen zu dritt – Kito, ein kleiner Pinscher-Mix-Rüde, gehört seit Mai 2021 zur Familie – wollen wir von zu Hause in Hamburg Stück für Stück nach Santiago de Compostela pilgern.

Im Oktober 2021 schafften wir in neun Tagen die Strecke von Zuhause in Hamburg bis nach Wildeshausen, im Frühjahr 2022 von dort in zwölf Tagen über Osnabrück, Münster und Dortmund weiter nach Herdecke/Ruhr, im Herbst 2022 via Köln bis Trier und im Herbst 2023 von Trier durchs Saarland, Lothringen, die Champagne und das Burgund bis nach Vézelay, den Startort der Via Lemovicensis.

Im Frühjahr und Sommer 2022 schreibe ich bei diesem vorliegenden Buch endlich die Einleitung über den Camino Inglés, den medizinischen Teil und anhand meiner Sprachaufzeichnungen von damals den Pilgerbericht ab unserer Besichtigung der Kathedrale in Santiago.

Und im Herbst 2023 lerne ich dann auch das korrekte Layouten und die Cover-Gestaltung und kann dieses Buch endlich publizieren.

Pilgerweg gegangen im Oktober 2018
Textkonzept und -Beginn im November 2018
Text bis Ankunft in Santiago de Compostela fertiggestellt im Dezember 2018
Diktierte Sprachaufzeichnungen niedergeschrieben, in den Text eingefügt und den restlichen Text fertiggestellt im Mai 2022
1. Layout mit Fotos & Lektorat im September 2022
Neues (2.) Layout gemäß der BoD-Buchblock-Anleitung und vollständige Überarbeitung September 2023
Schlussbearbeitung, Covergestaltung & Publikation im November 2023